青少年足球训练完

奔跑吧，足球小将

【日】保坂信之 主编

毛伟 曲岩松 译

人民邮电出版社

北　京

致亲爱的读者朋友们

我们到底该如何教小球员们踢球？

对于每一位球员来说，自己有了孩子之后，都会不由自主地想到这个问题。我是一个对控球几近痴迷的球员，会沉浸在过掉对手的快乐之中，每次跟人谈起，都会不由自主地讲起控球那些事。在教别人踢球时，也总是忍不住地说起这些。

在我读高中的时候，看到 1986 年世界杯上，马拉多纳从中场带球连过 5 人将球打入对方球门的场景，总觉得自己也可以做到。在我踢小学组、初中组的比赛中，也曾经上演过这样的神迹，

只是到了现在才慢慢明白，都是因为当时教练的宽容，才能允许我以这种方式踢球。

教小球员们踢球，也是一件对小球员们的足球生涯带来巨大影响的事情，往大了说，这甚至是我们当前的责任，会对未来世界足坛的发展起到决定性作用。正因为如此，我自己是一名球员的事实，与我去教小球员们踢球并不矛盾。

有的球员有着丰富的控球力，球自然而然地就会到他的脚下，在比赛中充满了天马行空的战斗力，总是会踢出高质量的比赛。把小球员们培养成这种"能踢出梦幻般比赛"的球员，正是我作为"控球者"赋予自己神圣的使命。

首先我要告诉小球员们，足球是快乐的。小球员们不需要一味地遵从大人们的思维方式，要勇于说出"我想这么干"。小球员们不需要成为大人们所期待的那种球员，我希望每个在绿荫场上挥汗如雨的小球员们，无论在练习传控，还是射门，抑或防守拼抢，都能够意识到自己想要成为什么样的球员。在这个过程中，小球员们会自然而然地喜欢上足球，喜欢自己在球场上扮演的角

色，当他意识到自己想要成为一个出色
的前锋去破门得分攻城拔寨时，进入下
一步就是顺理成章的事情了。在足球中
得到了快乐，已经疯狂爱上这项运动的
小球员们，就可以尽情享受比赛所带来
的挑战。

　　在不断升级的挑战中，小球员们会
遭遇挫败，这也引发了我的思考，意识
到一些重要的事情。"我希望让小球员
们在比赛中充满战斗力与控球力，但是
由于技术水平有限，好容易在脑海里有
了很棒的想法，却无法实现。"小球员
们在比赛中，根本无暇顾及如何从对手
脚下抢到足球，组织进攻洞穿对手大
门，却要疲于应付如何破掉对方的盯
人、如何应付对方钢筋混凝土般的防
守。只有在掌握了娴熟的个人技术后，
才有可能在足球到自己脚下时，去思考
该选择传给队友还是自己突破。

现代足球能够给人带来更多的快乐，就是因为踢球人可以选择按照自己的想法或意愿，在绿荫场上尽情地施展才华。而这首先要求球员们有过硬的技术支撑。如果掌握了正确的技术动作，即使在场上遇到各种各样的复杂情况，同样可以按照自己的意愿掌控比赛节奏。只有经历过这种历练的球员，才会在比赛中极具个性，方可剑指"想要像梅西一样踢球"的"梦想"。

任何球员都有可能成为下一个梅西，任何人都无法阻止别人成为下一个梅西

"过硬的个人技术"是每个球员可以在比赛场上发挥巨大能量、实现足球梦想的"神秘钥匙"。只要拥有了这把神秘钥匙，足球的魅力之门就将向你敞开。

目　录

摄影师：二见勇治 Yuji Hutami

渊本智信 Tomonobu Fuchimoto

第 1 章
掌握个人控球技术

在本章中，将对如何自由控制身体与足球进行说明。
首先我们要知道什么是个人控球技术、适应足球、自然地做出假动作，
并且掌握突破对手防守的方法。

什么是个人控球技术？

为什么个人的控球技术如此重要？想必很多人都会有这样的疑问，在此进行简单的解释说明。

为了能够灵活地掌握个人控球技术，我们首先要知道什么是个人控球技术。个人控球技术有三层含义，其一是指培养良好的球性；其二是指对控球有所理解；最后是指在 1 对 1 的局面下，灵活掌握控球技术（采用最合理的控球方式），在与对方防守球员的对峙中占据优势。

1. 球性

球性指的是对球的适应性，可以说球性是每个踢球的球员最基础的东西。第一层含义指如果初学者有了球性，就可以顺利地进入接下来的环节，比如控球等。

第二层含义指对于已经具备一定个人技术水平的球员，在准备比赛之前，对自己当天的比赛状态有所了解，且具有让足球更好地控制在自己脚下的感觉。

触球时要柔和，认真做好每个技术

在足球场上，无论在何种情况下，球员都是处于"单脚支撑"的状态。提高球性，对于足球的初学者来说是重要基础。

动作。随着身体重心的移动，保持身体平衡。关于如何提高球性，我们会在第 28 页以后进行详细的说明，首先我们还是先把眼前的事情做好。

2. 理解控球

① 什么是控球

足球在自由运行时，称不上控球。所谓的控球，是指球员在球场上，通过对足球的控制，让其在特定的时间或空间范围内移动或停止的动作。

好的控球

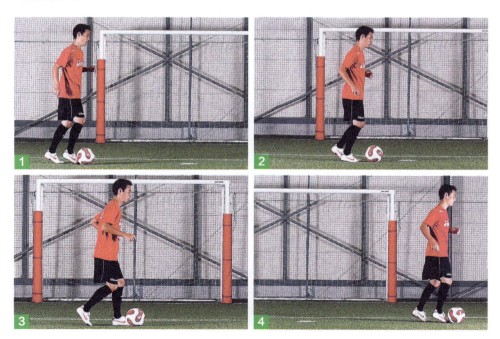

好的控球，足球不会离身体太远。所谓控球，顾名思义，就是让足球在自己脚下"安全地""按照自己的意愿"移动，因此，这并不意味着越快越好。对于控球球员来说，很重要的事情是知道自己所能掌控的控球速度。

② 控球的种类

关于控球的定义所介绍的，根据控球的目的，控球分为以下种类。

A. 以"过掉对手"为目的的突破控球

为了完成射门、助攻、传中，或为了实现突破对手的盯防，控球是非常重要的技能。对于一个优秀的球员而言，除了赢得比赛，在赛场上往往还有另一件重要的事情，就是战胜自己眼前的对手。即，球员是否可以通过自己的个人能力，摆脱对手对自己所布置的防守。

如果一个球员害怕对手上前逼抢，简单的传接球也会出现低级失误，或一味盲目地向前开大脚，即使赢下来比赛，也无法成为优秀的球员，慢慢也会对足球比赛失去兴趣。只有每场比赛都面对更强劲的对手，迎接不同的挑战，才会不断地战胜对手，并从中获得快乐。

想要掌握可以过掉对手的控球，"自信心"与"灵感"是尤为重要的。但是强大的自信心是建立在长时间勤学苦练的基础上的。因此，要经常让足球在自己的脚下，尽量让自己学会大量的技术动作，也就是说，给自己的个人控球技术打下坚实的基础。在大量的练习过程中，每个人都会有自己的"绝活"，可以通过反复的演练，让自己的绝活更巧妙地应用在实战中。通过长期反复的训练，自信心就会得到提升。在比赛中做到充满自信，就会在脑海中闪现出让人意想不到的创意。只有自己的头脑可以清楚地控制身体与足球，才能在对手面前随心所欲地发挥。在比赛中，可以不停地摆脱对手、传中、射门，自然可以轻松地拿下比赛。

突破性控球

拿球时，首先要考虑过掉对手。只有面向球门的控球，才会让对手感到害怕。

摆脱对手不仅仅是对进攻球员非常重要，对于防守球员也同样如此。从对方的前锋脚下抢到的球，防守球员不能只会迅速地交给对手，还要学会去摆脱对方球员的反抢，并参与到球队的进攻组织中。只有这样，才能踢出内容更加丰富的比赛。

B. 以"将球控制在自己脚下"为目的的拿球控球

"让球始终黏在自己脚下而不被对方抢走"，是衡量一个球员是否可以被称为"优秀球员"的先决条件之一。为了防止球被对手抢走，球员可以通过让对手看不到球、用身体护住球，以及让对手尽量离球更远的方式，把球留在自己脚下。这也被称为球员的"拿球能力"。首先我们要对拿球的意思和方法进行解释说明。

在比赛中，好容易从对方脚下抢到的球，或队友经过几次传接跑动才传到自己的脚下的球，如果轻易地丢掉，对自己的信心是打击，这样的比赛想赢下来也很难。即使是顶级的球队，也经常会出现很不正常的发挥，本来节奏控制得很好，但是由于对方的突然逼抢导致轻易丢球，节奏也随之被打乱，导致比赛输球。这与单个球员的水平发挥道理相同，如果某个球员从比赛一开始就一直丢球，球员也会不断犯错，踢得越来越保守，直至最后情绪都受到影响。

在足球比赛中，还有的阶段或地点是"万万不能丢球"的。比如地点，丢球的地点一定不可以是在本方的禁区或底线。不能丢球的阶段指，当本方刚刚从后场组织发起进攻时，丢球后对方球员将直接面对本方球门或门将。这些情况下，万万不可以被对手抢到脚下球。正因如此，每个球员都要首先将自己的基本功练得过硬。

3

为了能够成为那个被称为"优秀球员"的人，需要领悟"拿球"的真谛。所谓的拿球，并不仅仅代表将球黏在自己脚下而不被对方抢走，同时也要使得接下来的比赛能够顺利推进。为此，球员必须具备左右脚控球的能力，且足球到了脚下之后，迅速观察场上形势，在瞬间作出合理的判断。球在自己的脚下时间越长，丢球的风险就越高。正因为如此，娴熟的个人控球技术才显得尤为重要。

拿球控球

1 拿球的基本原则是让足球与对手之间，隔着自己的身体，让对手无法看到足球。

2 但是，如果单纯靠身体挡住足球，对方可能会用脚够到足球。

3 将自己的身体横在对手与足球之间，可以使对手距离足球更远。

4 将身体倾斜，靠在对手身上，阻挡住对手抢球，可以更好地拿球。

C. "错开时间与拉开空间"的控球

现代足球愈发倾向于易守难攻，因此在比赛中，突破进球的时间与空间已十分有限。在紧张激烈的足球比赛对抗中，如果接球后受到对手压迫式逼抢，为了不丢球而采取保守的回传球策略，则会延缓比赛的节奏。在某种程度上，拿球会带来一定的风险，**为了能够保持比赛节奏的紧凑性，为了能够使本方在攻击上给对手持续施加压力，在控球中如果能创造出"时机"，则显得弥足珍贵**。创造时机可以丰富进攻的手段，使本方占据优势。

拿球时，两个手腕要伸开，以探知对手的位置。手腕横过来，与对手身体接触的面积会增加，通常把手腕放到对手胸部的位置，这样可以清楚地了解对方想要做的动作。

有时，拿球时可以将身体完全倚住对方球员。

错开时间的控球

在1对1的对峙中，通过错开时间，形成2打1的局面。

拉开空间的控球

如图1所示，持球球员将球传给本方队友。如图2所示，接到传球的队友向中路带球，将防守球员带到中路。如图3所示，通过向中路盘带，右路会拉开空档。传球的球员此时向空档顺下，通过控制控球速度，可以创造出队友空档接球的机会。

③ 控球的先后顺序

优秀的足球运动员在接到传球的一瞬间，在脑海中会浮现出不止一个下一步处理球的办法。简而言之，是继续控球，还是选择传球。这里我们讨论一下如果选择继续控球的情况。

通常更具攻击性的球员，在拿到球的一瞬间，脑海中第一个想法是如何拿球并过掉对手。尤其是此时在对方禁区附近，如果条件允许，要果断而不可以犹豫。如果突破的线路均已被对方堵死，则可以拿好球，控制好节奏，等待队友上前支援。如果队友可以及时地拍马赶到，在局部位置上则可以形成2打1的人数上的优势，从而突破对方防线。最后是在受到对方严防死守，或特殊照

顾的情况，千万不能自乱阵脚，要拿住球，结合队友的跑位与传接球时机，通过撞墙式配合等战术形成突破。无论场上形势如何变化，都能牢记这三种处理球办法的球员，在比赛中会显得胸有成竹。

有时为了保护球不被对手抢到，会选择回传球，但是为了成为更具攻击性的球员，可以通过放慢控球速度、或通过有效的手段护住球等，要牢记时刻让球对对方球门形成压力。因此，在日常的训练中，要勤加练习控球技术，只有娴熟地掌握个人技术，方可在比赛中如有利刃在手，时刻对对方形成威胁。

先后顺序 1　突破后形成射门

如图 1 和图 2 所示，接到传球后，首先选择突破线路。如图 3 所示，如果可以向纵深处控球，摆脱对手后要毫不犹豫地选择射门。

先后顺序 2　拿球等待队友支援

如图 1 和图 2 所示，如果接到传球后无法形成突破，除了护住球，还要拿好球等待同伴上前支援，尽量为其创造空间。

如图 3 和图 4 所示，在保证控球速度的同时，通过横向移动，在场地右侧创造出空间。此时可以将球直传到利用空间顺下的队友脚下。

3. 掌握 1 对 1 的技术（分析控球）

为了能够踢出令人赏心悦目的比赛，"控球"绝对是不可缺少的一个环节。通常在高水平的足球比赛中，"控球"是球员最重要的武器之一，且控球这个武器有 4 种使用方法。

① 触球与时机结合的控球

② 转身

③ 急停 & 启动

④ 假动作

为了能够让比赛更为流畅，首先球员要理解控球这几种武器的特点与如何使用。在此基础之上，只有娴熟地掌握，才能在正式的比赛中应用。

先后顺序 3 为了不被断球而拿球

如图 1 和图 2 所示，如果接到传球后无法形成突破，除了护住球，还要拿好球等待同伴上前支援，尽量为其创造空间。

如图 3 和图 4 所示，合理使用身体护住球，可以传给上前支援的队友。此时迅速反跑形成 2 打 1，向纵深突破后形成射门的机会。

在林林总总的体育项目中，只要是竞技类的比赛项目（与对手有对抗），总会有一些特定的基本技术，需要选手通过反复训练而娴熟地掌握。游泳选手必须练的基本功是打水与换气，网球比赛中运动员需要掌握的是执拍回球。但是足球是所有项目中唯一的例外，在足球比赛中，没有这样的基本动作。只要一个球员能将球踢远，也就意味着，这个球员可以参加足球比赛了。

但是，对于刚刚练习足球的人而言，"把球踢远"却是一个与控球南辕北辙的事情。为了掌握更好的控球技术，与其"踢远"，还不如"踢不远"。如果一脚把球踢开，球就不会控制在自己脚下了。所以，我们在训练小球员时，首先要教会球员不要把球踢远。

① 触球与时机结合的控球

触球与时机结合的控球，通常用于在比赛中向前推进，也是所有控球中最基本的技术。在触球与时机结合的控球中，最基础的技术如 1-1 控球和 1-2 控球。

如 1-1 控球，指的是向前推进时，右脚与足球接触，右脚在向前移动的时候，一定会带动足球一同向前推进的控球。通过脚外侧向前盘带，可以保证足球的位置一直在自己的身前。

如 1-2 控球，指的是用左右双脚的内侧盘带，在向前推进的时候，一定会有至少一只脚触球。此时足球的位置会一直保持在自己的身体下面。

这两种控球可以说是所有控球技术的基础。

1-1 控球

如上图所示的控球，是控球的基本技术。无论是左脚球员还是右脚球员，每前进一步，一定会有一次触球。这样足球就会一直在自己的脚下，不容易被对方抢走。

1-2 控球

如上图所示的控球，拿球队员每向前一步，一定有一次触球。可以将球在左右脚之间互换位置，有节奏地进行控球。该类控球不仅可以向前推进，也可以向不同的方向移动。

变换节奏的 1-1 控球盘带

仅通过这两种控球的结合运用，便足以在比赛中实现过掉对手。对于刚刚接触足球的青少年，或想要在控球技术上继续精进的球员，在日常训练中一定要有意识地练习 1-1 控球和 1-2 控球，真正可以做到球随人动，控制自如。只有这样，才可以在比赛时，通过触球时间点的错位，过掉对手。

此外，在做各种假动作、或通过频率或节奏过掉对手时，也可以用脚内侧盘带，变换节奏的 1-1 控球，在实战中也非常有效。

通过脚内侧触球，向斜侧方向盘带的控球，也是 1-1 控球的一种。在突破时，通过控球的频率或节奏过掉对手时会经常用到。

② 转身

转身的意思是改变控球的方向。在本书中，方向发生 180 度的变化称为转身，而仅仅是控球角度发生变化，称为变向。广义上说，两者都可以称为转身，在护球、过掉对手时经常会用到。

在正式的比赛中，赛场会出现这样的场景：接球队员没有占据有利的位置，或被对手的人盯人防守压迫得很紧。此时，可以通过控球的方向与角度的变化，让足球远离对手，或通过停球、拨球、拉球等技术动作过掉对手，继续组织进攻。所以说，通过转身的控球在实战中的重要性是不言而喻的。

优秀的足球运动员会掌握好几种转身控球的技巧，根据场上的形势采取不同的策略，并以此创造出更好的进攻机会。

脚内侧转身

用脚内侧带球，改变足球运行方向，保护足球。技术动作的详细说明请参照第 50 页、第 51 页的讲解。

脚外侧转身

通过脚背外侧触球转身，让球远离对手，将身体阻挡在对手与足球之间。技术动作的详细说明可参照第 52 页、第 53 页，并可以试着练习。

踩单车

详细的技术动作可参照第 64 页的踩单车技术、第 65 页的踩单车技术（横向）说明，但不仅仅只是练习踩单车控球，也经常会用于通过变向、实现转身盘带护球。

克鲁伊夫转身

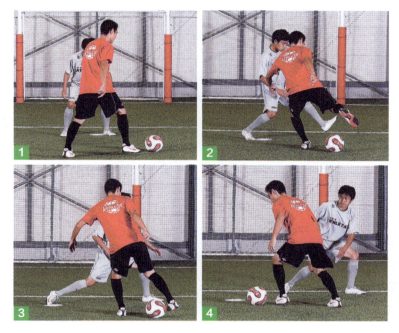

克鲁伊夫转身指假装射门，用射门脚的内侧改变足球运行方向。在过掉上前逼抢的对方球员时，克鲁伊夫转身非常奏效。

跨步转身

右脚假装传球，却从足球上面跨过，将其拨回相反的方向后转身。通常球员护球时会使用。

③ 急停 & 启动

我们接下来谈谈控球与速度的关系。对于一名足球运动员来说，往往想要提高身体各方面的素质，最难以通过训练得到提高的，是"冲刺跑"能力，即我们经常提到的"爆发力"。一名运动员爆发力的极限，基本上取决于先天因素。比如，速度较慢的球员，无论通过什么样科学的训练方法，也没办法拥有和有速度天赋运动员同样的速度。

既然这样，那为什么球员还要在训练中不断提高自己的速度呢？其实这里所提到的速度，指的是球员在拿球过程中，对于下一步如何处理球的选择，以及在接球之前，对场上的形势，战术的执行等有着迅速的决断力。因此，在训练中，不能简单地以锻炼身体素质或储备体能为最终目的，这种训练的实际意义其实不大。

但是，在最近的足球界中，对"速度"的追求越来越深入人心。在足球发达国家，经常会有人讨论，"如果以最顶级的速度，可以做到什么"这样的话题。

想要得到这个问题的答案，需要了解的前提是"在掌握控球技术的过程中，其实是不需要速度的"。与其"速度快"，不如把重点放在"正确处理"上。对于初学者而言，先要学会的是"不慌不忙""慢慢处理"，然后把事情做对。这是掌握控球技术的重中之重。

在感觉到自己的水平提高了以后，提升速度变成了水到渠成的事情。此时，也会出现越来越多的"失误"。控球并不是球员互相比拼速度，而是看谁能把足球处理得更为完善、稳妥。所以对于球员而言，最为难能可贵的就是了解自己在什么样的速度下，能够把球控制在自己脚下而不出现失误，如何通过控球速度的变化与节奏的调整，在比赛中游刃有余地踢球。只有掌握了这些，才能够在比赛中如虎添翼，更具威胁。

这就是我们所说的"急停 & 启动"的概念。虽然是最简单的技术，但这也是过掉对手最有效的控球。可以摆脱对手的控球，是高水平足球比赛中不可或缺的环节，这也是足球最重要的基本技术之一。

急停 & 启动

面向球门时，迅速采取 1-1 控球，与对手错开节奏。

错开节奏后，立即将足球停在脚下。急停后，对手也会跟着停下来。

在对手停下来的一瞬间，迅速启动，将球向前拨。

对手的启动往往会慢半拍。此时可以闪出射门的角度。

如果能看到射门的角度，要果断射门。仅仅是急停与起动的反复使用，也会充分起到假动作迷惑对手的效果。

④ 假动作

简单地说，假动作指的是"欺骗"或"迷惑"对手。可以通过单纯的技术动作欺骗对手，也可以把对手诱骗到一个设计好的圈套中。也就是说，对于一个惯用假动作的球员来说，在比赛中往往会占据主动。足球比赛在某种意义上讲，就是一个互相"欺骗"的运动。所以，在足球比赛中，所有球员都要具备熟练使用假动作的技术，以及为了更好地完成假动作，在头脑中要有很棒的计划。

即使一个假动作都不会，仍然不妨碍你踢足球，只是不会用假动作的球员，很容易被对手预判到接下来的动作，比赛也会踢得毫无悬念。能踢出让人赏心悦目的比赛的球队，队中一定有若干非常善于使用假动作的高手。有时，假动作只是为了让对手信以为真，如果对手"中招"了，在接下来的比赛中会提升本队的士气。这些经验对于提高假动作技术而言，是非常有帮助的。

如果基本技术扎实，学起假动作也不需要太多时间。首先，可以学习几个假动作试一下。通过反复的练习，一定会找到自己最擅长的假动作。然后这个假动作就会在大脑中固化，通过大脑支配身体，勤加练习，让自己可以运用自如。重要的事情是，要牢记"无论何时，都要以过掉对手为最终目的"。

接下来要说说拥有了自己擅长的假动作的球员。作为足球比赛中的个人战术，持球时球员一定会通过最快、最短的线路直指对方球门。这与控球的原理是相同的。在比赛中，球员的个人技战术，要在充分了解这个目标的基础上，再进行发挥。

虽然在上文提出，想要踢出赏心悦目的比赛，一定要熟练掌握假动作，但是比赛并不完全由假动作构成，也并不是任何时候都需要使用假动作。如果面前的对手不是很强，即使不需要假动作也可以过掉他，也无妨一步到位地甩开防守，创造出面向球门的机会。如果把时间和精力都浪费在与眼前对手的纠缠上，而错失了攻城拔寨的良机，这样也很难在比赛中取胜。所有的球员在比赛中的唯一目标就是攻破对手球门，假动作同样是为了这个使命而存在的。

最后，简单聊一下临门一脚时的假动作。尤其是球员在面对球门很近的时候，为了"欺骗"对手而做的假动作，实际上是迫使对方球员先移动。

临门一脚的假动作，其实并不一定需要过掉对手，而只是需要让球与球门之间，有清晰的射门线路即可。

这样，可以采取"事先给对手传递一个信号，如果对手中招，采取与之相反的动作"。

假动作的意思

假动作也无须时时刻刻使用。如左边图片所示，面前一片空地，且有射门角度的时候，只需果断地起脚。而如右边图片所示，在对方逼抢比较凶狠时，可以尝试用假动作晃开对手。

传递假信号

例如，刚开始想要突破的时候，如传递假信号上图所示，将脚下的足球向内拨，再向外。重复该动作，防守球员会形成意识，认为球员接下来还会按照向内再向外的顺序。接下来，如传递假信号下图所示，出其不意地使用剪刀脚过人，让对手措手不及。

球性

球性，指的是球员与足球的适应度。让我们从基础训练开始，让脚的每个部位都可以柔和地处理球。

踩球【小跳】

按照左右顺序，用脚掌触球。做这个动作练习时，掌握身体的平衡以及脚下触球的感觉。练习的时候，一定要挺胸抬头，先慢慢练习，待熟练了之后，再逐渐提高速度。

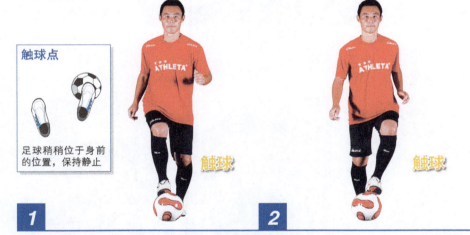

触球点

足球稍稍位于身前的位置，保持静止

触球

1

触球

2

如图 1 与图 2 所示，用脚掌触球，踩球后立刻换另一只脚。按照左、右、左、右的顺序，有节奏地练习。足球在身体下方稍稍靠前一点，练习的时候要面向正前方。

不可以低头练习！

很差

练习的时候，千万不要只顾着低头看球。面向前方，就像面前站着对方球员一样的感觉。为了保持足球位置不发生变化，脚掌虽要充分触球，但用力不要过大。在能够协调地控制踩球节奏之前，不妨慢慢练习。

踩球【两侧（横向）】

足球始终在垂直于身体的正下方，身体左右移动，用脚掌触球。一只脚触球后，立刻换到另一只脚。没有触球的支撑脚要与足球在同一水平线上，以支撑身体平衡。触球脚在离开足球后，用小碎步快速移开，或稍大跨步慢慢移开，保持足球在原来的位置静止不动。

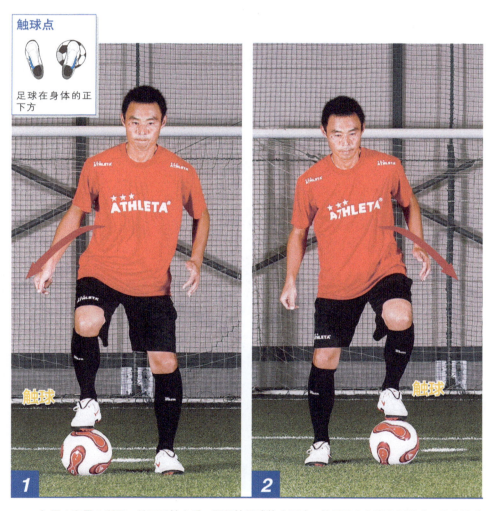

触球点

足球在身体的正下方

触球　　1

触球　　2

如图1和图2所示，练习开始之后，要保持足球静止不动，轮番用左右脚分别触球。没有触球的脚为支撑脚，保持身体平衡。

倒球

倒球指的是用双脚内侧让球在两脚之间来回移动。膝盖稍稍弯曲，将球放置于身体正下方稍稍靠前一点。初次练习时，要切记，左右脚都要触到足球。待熟练之后，可以向前后左右移动，或提高倒球的速度，或加大动作的幅度。通过多多接触足球，可以在脑海中牢记触碰到足球的感觉，在比赛中也会更加地自信。

触球点

让足球在双脚间来回移动

触球

触球

1

2

如图 1 和图 2 所示，足球在双脚间，轻轻地让其按照右、左、右、左的顺序，用脚内侧倒球。反复练习倒球，直到可以控制触球的节奏，以及让足球可以黏在双脚之间为止。

前后拉球

将足球放置于身前，用一只脚的脚掌触球，让足球前后移动。反复几次后，换另一只脚继续同样的动作。这个动作的练习要点是，如果足球将要离开控制范围，可以迅速地将球控制在自己脚下，而另一只脚作为支撑脚，可以使身体保持平衡，站住位置。在足球比赛中，无论是拿球还是控球，都经常会用到脚掌，因此，记住脚掌触球的感觉就显得尤为重要了。

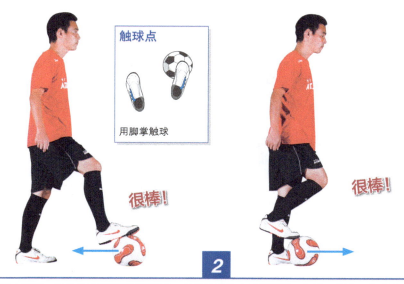

触球点

用脚掌触球

很棒！

很棒！

1

2

如图 1 所示，在身前的足球可以用脚掌，将其控制在自己的脚下。如图 2 所示，将球拉回到身体下方后，会有短暂的脚掌离开足球的瞬间，此时的足球处于静止状态。凭借脚的惯性让足球向前移动，如此反复地进行练习。

面向前方！
不要弯腰！

很差

如果对球显得非常生疏，不熟悉足球的运动轨迹，一定会低头看球。在练习的时候，眼睛不可以只盯着足球，一定要保证挺胸抬头，目视前方。

左右拉球

足球在身体前面，用一只脚向水平方向移动足球。用脚掌使原本静止的足球向水平方向运动，一只脚用来控制足球，此时身体也要保持平衡。为了防止身体左右摇晃，另一只脚要作为支撑脚站稳。

触球点

用脚掌接触在斜前方的足球

触球

1

如图 1 所示，在右前方的足球，用左脚的脚掌让球向左移动，左脚保持离开地面。

2

如图 2 所示，在足球运行的瞬间拉球。

用两只脚交替练习

不能只用惯用脚练习拉球，要练习到两只脚都能拉球控球。

触球

3

如图 3 所示，身体此时略微倾斜，用脚掌触球，足球静止后向右拉球。如此反复进行练习。

用两只脚拉球

在身前的足球用两只脚，使其向左右移动。最开始的时候足球处于静止的状态，用脚掌控制住足球，将其拉到一侧，对触球的感觉有了足够的掌握后，可以加上一些难度更大的动作。

触球点

用脚掌将球控制在自己脚下

如图 1 所示，将足球放在身体的右前方，用脚掌使其向左移动。此时可以看着足球做动作，但是等到熟练掌握了动作要领之后，最好是目视前方。

如图 2 所示，足球在身体前方经过时，将两只脚并拢在一起。

如图 3 所示，当足球运行到身体的左前方时，用左脚将球控制住。待足球静止后，向右侧拉球。

如图 4 所示，用右脚脚掌控制住向右运行的足球。如此反复地练习。

T 字形的拉球

将足球放在身体前面拉球，让足球的运行轨迹如同写一个"T"。支撑脚保持身体的平衡。在拉球的时候，虽然球会离开身体，但是拉球的脚在整个技术动作过程中，不要接触到地面。要点是让足球的移动范围稍大。熟练掌握 T 字形拉球的技巧后，也可以尝试 L 字形的拉球。为了迷惑对手，经常会使用这样的技巧。

触球点

从离身体较近的位置开始

1. 如图 1 所示，用脚掌将在身体下方的足球向前推出去。

2. 如图 2 所示，用脚掌控制住向前运动的足球，并拉回到自己身体附近。

3. 如图 3 所示，用脚掌控制住运行到身下的足球，并向右拨。

4. 如图 4 所示，对于向右运行的足球，用脚掌将其拉回到自己的身体下面（到此为止是 L 字运球）。

5. 如图 5 和图 6 所示，足球运行经过身体前方，向左侧运行的足球停止后，向右拉球，让球回到开始的位置。

滑球

将足球放在身体正下方，用脚掌向外拉球，保持足球在脚下的控制范围内，再用脚弓触球，将球拨回后，送到另外一只脚的脚弓处。在正式的比赛中，虽然足球很少会向外拉，但是通过这样的练习，可以让左右两只脚都能触球，可以更加熟悉触球的感觉。练习时头要抬起来，不看足球，保持良好的节奏。

触球点

开始之前，要把足球放在身体正下方

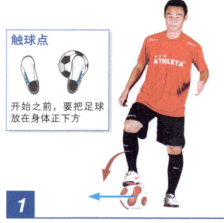

1

如图1所示，脚掌放在身体正下方的足球上，轻轻地向外拉。

2

如图2所示，此时足球要保持在脚下的控制范围内，用脚弓拨回相反一侧。

3

如图3所示，足球此时移动到左边，用左脚的脚掌将球控制住。

4

如图4所示，保持左脚一直与足球接触，并用脚弓将球拨回到另外一侧。按照这样的方式，保持良好的节奏，勤加练习。

V 字形拉球【拉球后用外脚背拨球】

为了能够在身体移动的过程中，也能够保持将球控制在脚下，对于身前的足球，可以尝试 V 字形拉球。要点是，支撑脚的膝盖弯曲，用触球脚的脚掌将球拉回身体下方，然后再用外脚背将球向斜侧拨出，整个过程像写一个 V 字。在正式的比赛中，尝试过掉对方球员时，这是非常实用的技术动作。

触球点

用右脚脚掌，将位于左前方的足球拉回到身体下方

触球

1

如图 1 所示，从右脚开始练习，将位于左前方的足球拉回到身体下方。

2

如图 2 所示，将靠近身体的足球用脚外侧，向右前方拨出去。

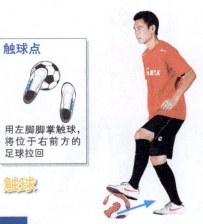

触球点

用左脚脚掌触球，将位于右前方的足球拉回

触球

3

如图 3 所示，换另一只脚，用左脚脚掌触球，将位于右前方的足球拉回到身体的正下方。

触球点

用左脚的外脚背，将足球向左前方拨出

触球

4

如图 4 所示，用左脚的外脚背，将足球向左前方拨出。如此反复练习。

V 字形拉球【拉球后用脚弓拨球】

拉球后，从支撑脚的后面拨球，足球的运行线路就像写一个 V 字。用脚掌触球，将球拉回到支撑脚的后面，再用触球脚的脚弓，向斜上方拨球。刚开始练习的时候，可以看着足球，慢慢掌握了技巧之后，可以不看球练习。练习过程中要保持足球始终控制在自己脚下，且保证身体的平衡。这也是在足球比赛中经常会用到的技术之一。

触球点

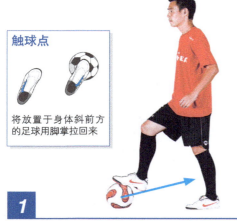

将放置于身体斜前方的足球用脚掌拉回来

1 如图 1 所示，从右脚开始练习，足球在身体右前方，将其拉回到身后。

触球

2 如图 2 所示，足球被拉到支撑脚后面，然后用触球脚的脚弓，将球推到左前方。

触球

3 如图 3 所示，用左脚脚掌，停住身体左前方的足球后，再向后拉球。

触球

4 如图 4 所示，将足球拉到支撑脚后面，再用触球脚的脚弓，将其推到右前方。如此反复练习。

推拉

分别用脚掌和脚尖推拉足球，让球在身体前后移动。足球在身体的前面时，用脚掌向后拉球，而足球在身体后面时，用脚尖向前推球。向前推出去的足球，用另一只脚的脚掌停住。如此反复练习。练习过程中，要点是挺胸抬头，目视前方。可以左右脚交替练习，直到掌握节奏为止。

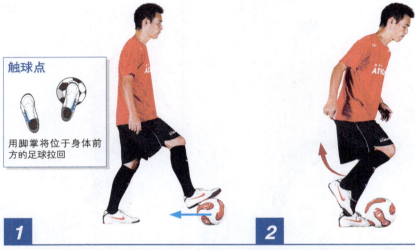

触球点

用脚掌将位于身体前方的足球拉回

1　**2**

如图1和图2所示，用脚掌将位于身前的足球拉回来。此时支撑脚的膝盖要稍微弯曲。挺胸抬头，目视前方。

触球

3

如图3所示，用脚尖将球向前推出。此时，脚尖要尽量垂直于地面。

触球

4

如图4所示，用另一只脚的脚掌，停住向前移动的足球。从停球脚开始重新练习。

彩虹盘带

对于在身前经过的足球，一只脚看上去像踢空了一样，从足球的上方掠过，以此迷惑面前的防守球员，从而达到摆脱对手的目的。通过反复的练习，可以提高控球的能力，这也是在实战中经常用到的技巧。尤其是在距离对方底线很近的边线拿球的时候，可以观察球员的动作，用彩虹盘带摆脱防守。

正面图解

如图 1 所示，右脚脚掌将球拉回。

如图 2 所示，此时足球经过身前，左脚从足球上方绕过。

如图 3 和图 4 所示，此时足球在身体左前方，用左脚脚掌将球向右拉，如此反复练习。

侧面图解

触球点

用脚掌将位于身体斜前方的足球拉回

彩虹组合盘带

触球点

开始练习的时候，球
在双脚之间

如图1所示，用右脚脚弓触球。
如图2所示，用左脚脚弓将球拉到右侧，右脚从足球上方绕过。

如图6所示，足球经过身体前方时，右脚抬起，让球移动到右边。
如图7所示，用越过足球的右脚脚掌停球，向左边拉球。
如图8所示，左右两只脚的脚弓小幅度地倒球。

　　如果已经能够熟练掌握前页介绍的法尔考盘带，可以将倒球与法尔考盘带结合起来，尝试挑战一下。**基本的要点就是，在法尔考盘带过程中，加入用两**脚的脚弓小幅度地倒球。练习的时候，首先要记得足球运动的速度与线路，然后再慢慢提高速度。抬头挺胸，目视前方。

　　如图3所示，右脚脚掌控制住足球，并将球拉到左边。

　　如图4和图5所示，足球经过身体前方的时候，左脚抬起来，让足球从左脚脚下经过，待足球移动到左侧时，用左脚脚掌将球停住，并向右拉。

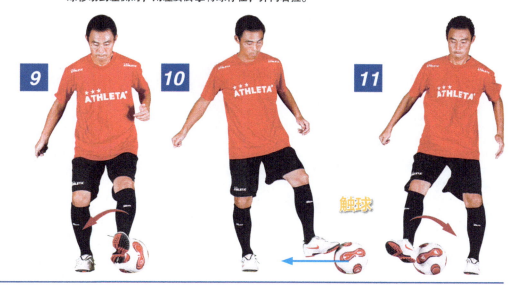

　　如图9所示，当足球移动到左边时，左脚抬起，让球移动到左边。

　　如图10所示，用左脚脚掌停住球，向右拉球。

　　如图11所示，反复练习彩虹盘带，并且可以在彩虹盘带中结合倒球，熟悉球性。

带球向前推进

用脚掌控制住足球，练习让球向前推进或停止的技术动作。在练习的时候，保持挺胸抬头，眼睛的余光能稍稍看到足球即可。在练习的过程中，不要只练习惯用脚。要保持身体的平衡，一开始的时候，支撑脚的膝盖可以稍微弯曲，稳健地练习。

触球点

开始的时候，足球在身体的正下方

如图 1 所示，用右脚脚掌，将位于身体正下方的足球向前推进。
如图 2 所示，在足球向前推进的过程中，左脚向前小跳一步。
如图 3 所示，用右脚停住球，返回图 1 的状态。

如图 4 和图 5 所示，反复练习带球向前推进。

在实战中可以运用的球性

在稍微掌握了一些球性后，练习的时候，触球要慢慢有节奏，头要抬起来。而且，练习的时候要兼顾左右脚，当你掌握了越来越多的技术动作组合，足球训练也会慢慢变得有趣起来。

带球后退

用脚掌控球，让足球前后移动时，支撑脚有节奏地一步步向后退。每往后退一步，触球脚快频率、小幅度、有节奏地将球向后拉。开始练习的时候，让球尽量离身体远一点，这样更加容易。在后退过程中，要注意身体的平衡，同时要让球时刻在脚下控制范围内。

触球点

练习的时候，先把足球放在身体的斜前方

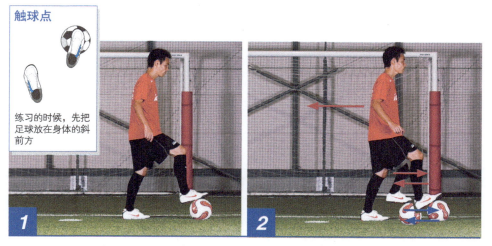

如图 1 所示，将球放在身体的控制范围内，用脚掌停住球，开始练习。
如图 2 所示，支撑脚向后小跳，控球脚小幅度快节奏地拉球。

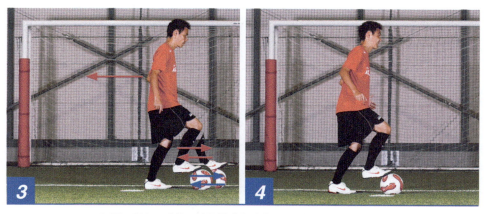

如图 3 所示，动作只涉及触球脚膝盖以下的部位。
如图 4 所示，用脚掌停住球，目视前方，继续反复练习。

曲线控球

　　用一只脚的脚掌控球，在身体向后退的过程中，让球以曲线轨迹运动。整个身体的重心是向后的，但是可以通过腰腹的动作，增大触球脚的左右运动幅度，此时足球可以按照曲线的轨迹移动。控球脚的脚掌要拿住球，在比赛中，通常球员在决定接下来攻防组织战术的时候，都要先拿好球，观察好场上的形势。

触球点

用脚掌向回拉位于身体斜前方的足球

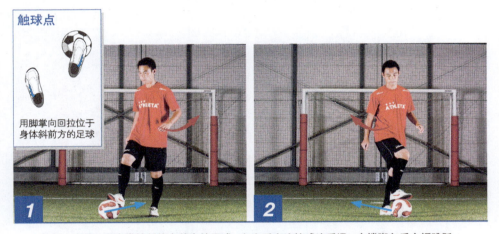

如图1所示，用脚掌控制住右前方的足球，向左后方边拉球边后退，支撑脚向后小幅跳跃。

如图2所示，足球位于身体左前方，向右后方边拉球边后退，支撑脚向后小幅跳跃一步。

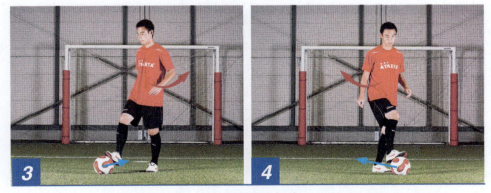

如图3和图4所示，反复练习相同的技术动作。在练习过程中，要兼顾左右双脚，注意目视前方，不可低头看球。

1.2 转身

在持球变向的时候，经常会用到的技术动作。用脚弓小碎步盘带的同时，控球脚从球的前面绕过足球，以此改变足球运行方向。绕过球的脚此时变成支撑脚，身体的前进方向也会随之改变。在绕球的整个过程中，动作幅度不要太大，快速地触球，改变足球运行的方向。

触球点

用脚掌向回拉位于身体斜前方的足球

如图 1 所示，用右脚的脚弓触球，将球拨到左脚脚弓位置。

如图 2 所示，左脚脚弓触球的同时，右脚从足球的外侧，经过足球的前方，绕过足球。

如图 3 所示，绕过后，以右脚为支撑脚，通过腰腹的摆动，实现变向。

如图 4 所示，左脚脚弓触球，继续倒球。在练习的过程中要兼顾左右两只脚，可以用左脚绕球再练习一次。

基本技术动作训练

在训练中，"记住"是最重要的事情。在接下来的训练中，首先要对所有的技术动作，通过练习，使其在脑海中根深蒂固。

外脚背→脚弓

为了掌握最基本的技术动作，"大量的触球"显得尤为重要。首先，从一只脚的盘带开始，每次触球都要有节奏感，让足球按照曲线的轨迹前进，如下面的系列动图所演示。要点是，膝盖要充分弯曲，头要抬起来。而且，要兼顾左右两只脚。

如图 1 所示，用右脚外脚背将球拨到斜前方。
如图 2 所示，再用这只脚的脚弓，将球拨到身体的左前方，变向后向前推进。

如图 3 如图 4 所示，再一次用右脚外脚将球拨到身体右前方后，迅速地用右脚脚弓背变线。足球不要离身体太远，要保持好控球的节奏。

外脚背→脚弓【2次触球】

　　如果熟练掌握了外脚背→脚弓的控球技术动作，可以用相同脚的相同位置，进行2次触球带球推进的训练。要点如前文所述，目视前方，膝盖稍微弯曲，有节奏地控球、变向。在变向时，技术动作做出来要像开大脚一样，上半身大幅度地做出假动作。此时足球的运行路线一定是要向斜前方做曲线移动。

　　如图1和图2所示，用外脚背将足球向斜前方拨出。

　　如图3和图4所示，用相同脚的脚弓将球向左前方内切，两次内切时，脚的触球位置要相同。

　　如图5、图6和图7所示，在经过脚弓的2次触球之后，再次使用外脚背，向右前方拨球。在拨球之前，上半身一定要做出开大脚的假动作。

开大脚假动作 + 外脚背→开大脚假动作 + 脚弓

如图1和图2所示，假装朝左前方开大脚。此时动作幅度不要太小，为了给对手真要开大脚的印象，大幅度摆腿。

如图5和图6所示，此时足球在身体的右前方，再次做出开大脚的假动作。可以结合实际比赛的场景练习。

大幅度动作与小幅度动作结合起来，进行触球的练习。大幅度摆腿，让对手觉得要开大脚，实际上只是轻轻触球，改变足球的运行方向。在脑海中假想此场景在实际比赛中，有对方球员上前逼抢时，迷惑对手。在开大脚的假动作后，膝盖弯曲，触球后改变足球的运行方向。

如图3和图4所示，做出开大脚假动作的踢球脚归位时，用另一只脚的外脚背将球向斜前方拨出。只需1次触球，迅速完成切球，再用相同脚开始盘带。

如图7所示，用脚弓将球切到身体的左前方，返回图1的状态。

假动作幅度一定要大！

很棒！

开大脚的假动作要尽量逼真，让对手感觉是真的要起脚打门。在平时训练中也要大开大合，就像正式比赛一样。

向内转身

　　转身也是控球技术动作的一种，在实战中，通过转身控球，可以防止对方抢断脚下球，也可以摆脱对方的防守。需要注意的是，在改变足球运行方向时，要将球控制在自己脚下，尽量一脚触球完成转身动作。此外需要读者们注意的是，本书中提到的转身，指的都是"180 度变向"。

正面图解

触球

1

2

如图 1 所示，用外脚背将球向外侧拨出。
如图 2 所示，对向前运行中的足球，做开大脚的假动作。

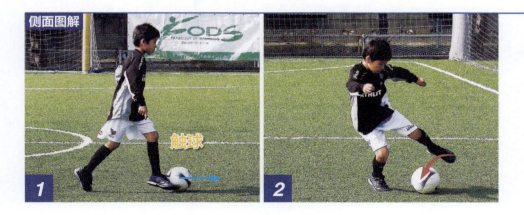

侧面图解

触球

1

2

一脚触球，迅速完成转身动作！

如右图所示，低头转身，或者连续几脚触球后完成转身，足球很容易被对手断掉。只需要一脚触球，迅速完成转身动作。

如图 3 和图 4 所示，在足球即将静止的时候，做开大脚假动作的脚归位后，用脚弓将球切到靠近身体一侧。此时，一定要通过一次触球完成整个 180 度的转身动作。

向外转身

　　接着"向内转身"，同理可以练习向外转身。向外转身与向内转身的要点相同，即尽量一脚触球完成转身动作。触球次数过多，很容易遭到对手的抢断。此外，尽量在拨球时将腿向外伸，这样转身后也能回到自己的跑动线路上。一开始的时候，可以在球场的中圈里练习。

如图 1 所示，用右脚外脚背将球向外侧拨出。
如图 2 所示，用右脚做开大脚的假动作。
如图 3 所示，尽量将腿往前伸。此时足球的运行方向是向前的，将球的运行方向变到预期的线路上。

尽量转小圈

尽量一脚触球完成转身，当然不允许图中所示的转大圈。转身后，重要的是要回到自己最初的跑动线路上。

如图4所示，右脚外脚背触球，将球拨到跑动线路上之后，完成180度的转身动作。

如图5所示，转身后用相同的脚，将足球向前推进。

脚弓切球→停球→变向

如图 1 所示，用右脚脚弓，将足球拨向身体左前方。
如图 2 和图 3 所示，当球的运行速度减慢，右脚绕过足球，将球拉回自己的身体附近。

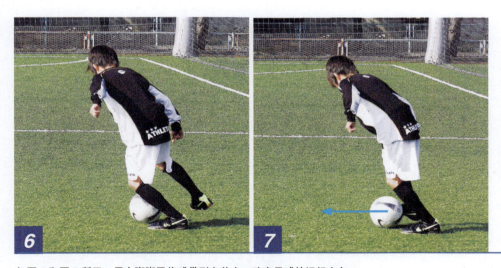

如图 6 和图 7 所示，用右脚脚弓将球带到左前方，改变足球的运行方向。

在本书中提到的"变向"，不同于前文中提到的 180 度"转身"，变向可以到任意方向。本节中的内容并非使用内脚背"转身"，而是旨在练习向任意方向变向。

如图 4 和图 5 所示，用右脚脚弓停住球。

如图 8、图 9 和图 10 所示，相同的做法，用左脚将足球拉回到身体附近，然后用左脚脚弓将球停住。将球拨向右边，改变足球运行线路。

外脚背拨球→停球→变向

如图 1 所示，用左脚脚弓，将足球拨向身体左侧。

如图 2 所示，当球的运行速度减慢，准备开始变向。

如图 6 所示，继续用右脚练习。用右脚将足球向前推进。

如图 7 所示，待球速减慢后，将触球脚伸到足球前面，准备变向。

同样，这里的用外脚背拨球变向，也不是"转身"，而是旨在使用外脚背，练习向任意方向变向。例如，如果本方队友还没有跑到有利位置，可以通过变向，将足球保护在自己脚下。

如图 3 所示，在运行的足球前面，用左脚的外脚背停住足球。
如图 4 和图 5 所示，用左脚的外脚背，将球运行线路变向到左边。

如图 8、图 9 和图 10 所示，用右脚挡住足球前进的线路，把球停下来，向右拨球后，完成向右的变向。

前脚掌拉球→另一只脚的外脚背→转身

　　用前脚掌将足球拉回到身体附近，再用另一只脚的外脚背将球向外拨，从而改变身体方向与足球位置的技术动作。先用前脚掌将足球拉回到自己身体正下方，然后用外脚背把足球拨到相反方向。建议动作幅度要大一些，这样可以观察到周边的情况，有助于更好地拿球。

如图 1 所示，将位于身体左边的足球，用左脚的前脚掌拉回到自己身下。
如图 2 和图 3 所示，用外脚背，将球拨到另一侧。

如图 4 和图 5 所示，用右脚的脚掌停住足球，把球拉回到跑动线路的方向上。
如图 6 所示，拉回足球的同时，用左脚外脚背将足球拨出去。

前脚掌拉球→另一只脚的外脚背→变向

与前页中所说明的技术动作同理，也可以进行"变向"的训练。前脚掌与身体的技术动作和上一节的内容完全相同，也可以完成将足球变向到斜前方。要反复练习，提高熟练程度，从"拉球"时开始，到用另一只脚"拨出去"，二者之间的技术动作衔接要快速且准确。

如图1所示，右脚外脚背控球。
如图2所示，当球速减慢时，用右脚前脚掌把球拉到身体下面。此时，膝盖稍微弯曲，以降低身体重心。

如图3所示，用左脚外脚背，将足球向左前方变向。
如图4所示，加速运球，迅速变向。膝盖弯曲，可以帮助身体更快地启动。

拉球→相同脚的脚弓→另一只脚的外脚背→转身

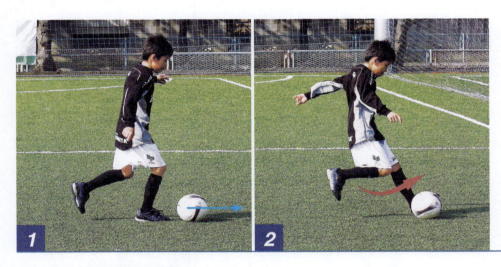

如图1所示，用右脚的外脚背控球。

如图2所示，顺着跑动的方向，做出开大脚的假动作。此时要面向前方，这样更容易迷惑对手。

如图5所示，用拉球的脚的脚弓切球，调整足球的位置。

如图6所示，触球时降低身体中心，准备加速。

在当今足球比赛中，防守方的人盯人防守已经越来越凶狠严密。在比赛中，为了防止对方轻易地断走脚下球，需要掌握多个控球的技术动作。

这个技术动作的要领是用脚尖控球转身，在面对对方球员的贴身紧逼时非常奏效。重点是控制盘带的速度，在转身之前要减速，而转身之后要加速。

如图 3 所示，开大脚后归位，右脚落在足球上，停住球。
如图 4 所示，将足球拉到自己的跑动线路方向上。

如图 7 所示，用另一只脚的脚弓，将球沿跑动线路向前推进。
如图 8 所示，加速后，开始带球。完成变向的技术动作后，要确定好自己的跑动线路与推进方向。

前脚掌拉球→相同脚的脚弓 →另一只脚的外脚背→变向

按照 60—61 页的技术动作，完成 向斜前方变向的训练。变向时要注意 降低控球速度，用脚掌将球拉到更加 靠近身体的位置。

如图 1 和图 2 所示，控球时，做出开大脚的假动作。
如图 3 所示，假动作完成后，脚掌放在足球上方，停住足球。

如图 4 所示，将球拉到自己身体的方向。
如图 5 所示，用拉球脚的脚弓触球，调整足球的位置。
如图 6 所示，用另一只脚的外脚背触球，将足球拨到身体斜前方的跑动线路上。

脚掌拉球→相同脚外脚背

例如在足球比赛中，本想传球却发现情况不妙，想要立刻停止传球动作且变向盘带的时候，需要掌握的是频率快、动作幅度小的盘带技术动作。在控球的过程中突然停止，用脚掌将足球拉回到自己的身体附近，迅速用相同脚的外脚背把球拨向另一侧后，可以改变足球行进方向。多多掌握此类的技术动作，在传球的一瞬间如果发现异常情况，就可以从容地处理。

如图1所示，用外脚背向前盘带。

如图2如图3所示，朝着跑动的方向，做出开大脚的假动作。最好是全身参与，这样更容易迷惑对手。

如图4所示，用右脚脚掌停住足球，顺势将足球拨到接下来的跑动线路方向上。

如图5和图6所示，用拉球脚的外脚背把足球推到右前方，足球的运行线路如同写一个"V"字。

跨球

　　足球在跑动线路上运行的过程中，如果遇到了前方对手的逼抢，可以用脚掌停住足球，与此同时，双脚跨球绕过足球，用自己的身体将足球与对方防守球员隔离开来，在迅速完成180度的转身后，护住足球。此时，足球的运行线路与之前的跑动线路是正好相反的，且转身时，要用离球较近的脚的外脚背，完成拨球的技术动作。

触球

如图1所示，用右脚的外脚背带球向前推进。
如图2所示，用相同脚的脚掌把球停住。
如图3所示，停住足球的同时，身体从足球上方跳过。

触球

如图4和图5所示，落地时足球在背后，转身的同时，用距离足球较近的右脚外脚背，将球拨到接下来的跑动线路上。
如图6所示，完成180度转身，加速带球。

跨球【横向】

是前页中说明的技术动作的另一种表现形式，即跨球后，足球如果没有在背后，而是在身体一侧时的技术动作。用脚掌停住从侧面来的球，跨球后将球停在身体另一侧的同时，用另一只脚的外脚背，迅速地将足球变向。跨球拨球的脚落地后，膝盖弯曲，作为支撑脚，保持身体的平衡。

如图 1 所示，横向带球。
如图 2 所示，用左脚脚掌停住足球，同时身体跃起跨过足球。
如图 3 所示，落地后身体在足球的一侧，用右脚外脚背向离身体较远的一侧拨球。

如图 4 所示，练习另一只脚，用右脚停球，身体跃起跨过足球。
如图 5 和图 6 所示，落地后身体在足球另一侧，用另一只脚将足球拨到跑动线路的方向。

用脚尖拉球→另一只脚脚弓

触球

如图 1 所示，用左脚向左带球。

如图 2 所示，球速减慢后，用左脚脚掌停住足球，停球的同时，将足球拉回到自己身体的下方。

触球

如图 5 所示，向右运球。

如图 6 所示，待足球速度减慢，假装要把足球踢出去，然后用右脚脚掌将足球停在脚下，并拉回到将要跑动的线路上。

通过另一只脚的脚弓也可以实现变向，我们接下来一起练习。要点是将球拉到自己身体下方，身体在充分伸展后用脚弓切球变向。整个动作要做得流畅连贯。

如图3和图4所示，用右脚脚掌，将拉回的足球推进到身体的右前方，实现变向。至此，足球的运行线路就像画一个 V 字形。

如图7和图8所示，拉球的同时，身体也要完成变向，用另一只脚的脚弓，将足球推到身体的右前方。

拉球从支撑脚后面绕过

　　这是实战中经常会用到的一个技术动作，在变向摆脱对手时非常实用，球员们需要掌握好这个技术动作。待熟练掌握之后，可以在整个技术动作中穿插开大脚的假动作，以及快频率小幅度的控球等，使动作完成过程中有更多变化。完成技术动作时，要目视前方，经过了反复的练习后，也可以在实战中大胆尝试。

如图 1 所示，向左控球。
如图 2 所示，用左脚脚掌停住足球，将足球拉到身体的一侧。
如图 3 所示，拉到身体附近的足球，用左脚的脚弓将其从支撑脚后面绕过。

如图 4 所示，用右脚外脚背将足球拨到相反方向。
如图 5 所示，用右脚脚掌停球，同时将足球拉回到自己的身体下方。
如图 6 所示，用右脚外脚背拨球，足球从支撑脚的后面绕过，再用左脚外脚背带球推进。

克鲁伊夫转身

练习的时候，想象此时你正在门前准备起脚打门，或从边路下地准备传中的场景。首先在控球的过程中，假装开大脚射门或传中，然后将足球扣住。实际上并没有将足球踢出去，而是用另一只脚的脚弓，将足球从支撑脚后面绕过，随之完成转身动作。要保证足球运行的方向在接下来的跑动线路上。

如图 1 所示，用右脚向前控球。
如图 2 所示，假装开大脚，在实战中，假动作做得越逼真，越能迷惑对手。

如图 3 所示，完成假动作后，用右脚脚弓将球调整到跑动线路上。
如图 4 所示，用左脚外脚背带球推进。完成转身后，加速带球。

培养柔和的球感与带球的节奏感

熟悉了球性，掌握了基本的技术动作后，下一步的训练就是带球时培养柔和的球感与带球的节奏感。

脚弓→脚弓（1-2 控球）

首先如图 1-2 所示，练习基本的控球动作。让足球在两脚间，按照从左到右、再从右到左的顺序，有节奏地向前推进。可以稍微借助脚腕与膝盖的力量，带球时别忘了目视前方。此外，在练习的时候，要将足球控制在身下，不要让球脱离了双脚的控制范围。

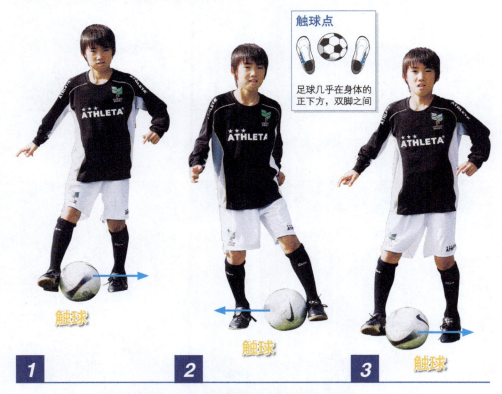

触球点

足球几乎在身体的正下方，双脚之间

触球

触球

触球

1　**2**　**3**

如图 1 所示，用右脚的脚弓触球，将球送到左脚脚下。
如图 2 所示，用左脚的脚弓触球，将球送到右脚脚下。
如图 3 所示，反复进行这个技术动作，有节奏地向前推进。

脚弓拉球 → 出球

是横向盘带与纵向盘带技术动作的综合训练。把球拉回到身体附近后，向一侧横拨，用另一只脚向前推进。触球时，全部用脚弓完成，按照右脚、右脚、左脚、左脚的节奏，每只脚触球两次，保持良好的节奏感。尤其是在拉回足球后触球时，膝盖要稍微弯曲，借助脚腕的力量完成出球。

如图1和图2所示，用右脚的脚弓，将球拉回到身体的附近，并送到左脚脚下。
如图3所示，用左脚脚弓，将足球向前推进。

如图4所示，用左脚脚弓将向前移动的足球拉回到自己的身体下方，再送到右脚脚下。
如图5所示，用右脚脚弓，将足球向前推进，返回图1的状态。

脚掌→脚弓

从足球向身边移动，到触球的过程都与前页的介绍相同。横向来球时，可以用脚掌领球，把足球送到另一只脚的脚下。膝盖此时要弯下来，把足球向前推进后，发力向前加速。刚开始练习的时候不要过于心急，如果速度过快，非常容易出现失误。待熟悉了技术动作后，也可以加大横向领球的幅度。

触球

1

触球

2

如图 1 所示，用右脚脚掌领过足球，将横向移动的足球送到左脚脚下。
如图 2 所示，用左脚脚弓，将足球向接下来的跑动方向推进。

触球

3

触球

4

如图 3 所示，用左脚的脚掌，将足球拉回来，送到右脚脚下。
如图 4 所示，用右脚脚弓将足球向前推进，返回 1 的状态。

脚弓→脚弓→扣回来

即使是成人，也可以从最开始学习基础的技术动作，但是如果学习技术动作的年龄较大，动作会看上去不协调，多余的小动作也会过多。因此练习足球的技术动作，从娃娃抓起还是非常有必要的。在这个技术动作的训练中，**把球扣回来的时候，注意膝盖弯曲幅度要大一些，支撑脚尽量远离足球，身体重心越低越好。**

如图1所示，开始练习的时候，将足球放在身体的右前方，离身体稍微远一点。

如图2和图3所示，用右脚的脚弓与足球前面部分接触，将足球拉回到身体附近后，送到左脚的位置。

如图4所示，用左脚脚弓触球，将足球横拨到身体的左侧。

如图5和图6所示，用左脚脚弓把足球拉回来，并送到右脚的位置，接下来重复用右脚脚弓处理球的动作。

外脚背→脚弓

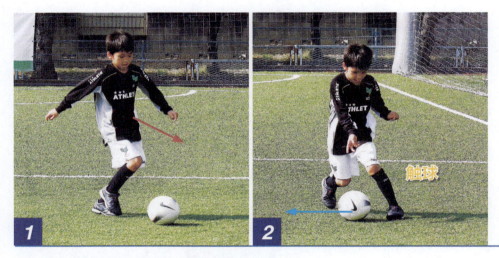

如图 1 所示，用左脚外脚背，将足球推到身体的左前方。

如图 2 所示，用左脚的脚弓将足球扣回来。这里只需要轻轻一扣，就可以把球送到右脚脚下的位置。

如图 5 和图 6 所示，用右脚脚弓将足球扣回到左边。可以稍微借助脚腕的力量，来完成变向。

这也是一项基本功的训练，足球经"外脚背→脚弓"在双脚之间盘带。要点是用脚弓触球后，立刻将球送到另一只脚的外脚背位置。刚开始练习的时候，可以一组一组地完成技术动作，足球运行的轨迹就像写一个V字。膝盖尽量弯曲，节奏控制好，练习的时候身体的摆动幅度可以稍大。

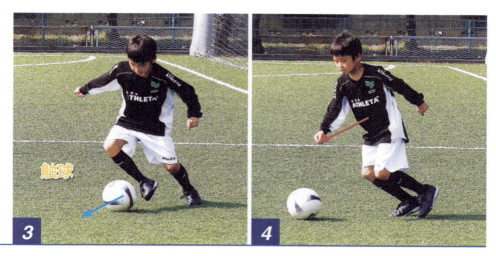

如图3和图4所示，此时控制在右脚脚下的足球，用右脚的外脚背可以继续向右拨。

如图7和图8所示，用右脚脚弓触球后，立刻用左脚的外脚背，将球拨到身体的左前方。

拉球→外脚背（急停启动）

如图 1 所示，用外脚背直接带球推进。

如图 2 所示，停球之前，慢慢让足球减速。

如图 5 所示，待足球移动到自己身体下方时，用拉球脚的外脚背触球。

如图 6 所示，将足球拨到接下来的跑动线路方向上。

在 65 页的训练内容中，介绍了拉球后让足球跑一个 V 字形后，再向前推进；而这里要求球员们直接拉球、直接向前拨出去。在准备拉球之前，先慢慢让足球减速，足球拉回到身体附近的一瞬间，一气呵成地连接好加速盘带。通过这样的急停与启动，可以有效地摆脱对手的纠缠。在控球的过程中，要灵活控制速度的变化。

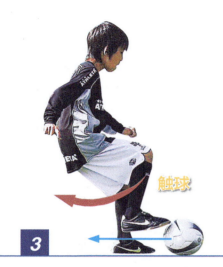
触球

如图 3 所示，用右脚脚掌停球。足球停下来后，直接用脚掌把足球拉到自己的身体附近。
如图 4 所示，拉球脚的脚尖垂直于地面，停留在足球上面。

如图 7 和图 8 所示，足球拨出去的瞬间，一气呵成地完成加速与盘带的动作。待足球运行速度放缓，又会返回到图 1 的状态，可以用另一只脚练习该技术动作。

拉球→外脚背（向斜前方推进）

接下来介绍的是急停与启动的技术动作。先将足球放在身体的一侧，在带球推进的过程中，用脚掌将足球停住，拉回到身体附近后，用相同脚的外脚背拨球，这样的急停后启动，可以有效地打乱对手的节奏，起到迷惑对手的效果。在拉球后立刻启动，整个过程脚是不会落到地面的。注意在启动时要加速。

如图 1 和图 2 所示，足球在身体的右前方，用外脚背控球，向右前方推进。
如图 3 所示，减慢足球的运行速度。

如图 4 和图 5 所示，用控球脚的脚掌，将足球拉回到自己的身体附近。
如图 6 所示，用相同脚的外脚背，将足球推进到跑动线路上。然后加速开始盘带。

拉球→脚弓→外脚背

这是前页中介绍的"拉球→外脚背"的扩展技术动作。首先用外脚背按照图1的方式，带球向前推进，在行进过程中可以任意变换速度。在带球推进的过程中，重要的是能够灵活地急停与启动。这次练习的是用脚掌拉球后，送到脚弓位置，再到外脚背的顺序，如果可以顺利完成，也可以加练从外脚背到脚弓的盘带。

如图1所示，用右脚外脚背控球向前推进。
如图2和图3所示，待足球运行速度降下来后，用相同脚的脚掌挺住足球，并将其拉回到身体下面。

如图4所示，用相同脚的脚弓，将足球推进到跑动线路上。
如图5所示，此时右脚不要落回地面，要在左脚向前跨球的同时，用右脚外脚背触球。
如图6所示，返回最初的状态。

拉球→外脚背→转身

通过此项训练，可以让球员灵活地控制好身体与足球，并掌握其中的要领。在此基础上，也可以加上节奏的变化与掌控。为了能够实现有节奏的控球与灵活的转身，在训练时要注意上半身的协调，膝盖要弯曲，尽量将身体重心放低。可以柔和地、节奏感强地处理球的优秀球员，往往在做这个技术动作的时候，看上去是很协调的。

如图 1 所示，用右脚的外脚背控球，向前推进。

触球

如图 4 和图 5 所示，足球到了自己的身后，也要随着足球的位置做 180 度的转身，用右脚的外脚背重新触球。沿着接下来跑动线路的方向，将足球向前推进。

如图 2 和图 3 所示，待足球运行速度减慢后，用右脚脚掌停住足球。球停下来的同时，用右脚拉球，拉到身体的后面。

如图 6 所示，足球运行速度减慢后，这次用左脚脚掌停球，并将足球拉到身体的后面。

如图 7 所示，转身后，用左脚的外脚背带球向前推进。

脚掌踩球→变向

如图 1 所示，开始练习的时候，先用左脚脚弓控制住足球。

如图 2 所示，用脚掌向斜前方推进。此时右脚跳过足球，左脚不着地。

如图 5 和图 6 所示，两只脚交叉，用右脚停住运行中的足球。

如图 7 所示，在停住足球的瞬间，将足球向右前方推进。同时左脚小幅度跃起，从足球上方跳过。

这次的训练内容，在身体动作与之前稍有不同。用脚掌控制住足球，在向前推进的同时，像要从球上跳过去一样，脚掌从足球上部擦过。落地后用同一只脚控球，因此只是支撑脚需要跳一步。落地后迅速改变足球运行方向，动作幅度尽可能大一些。需要注意的是，膝盖也要稍微弯曲。

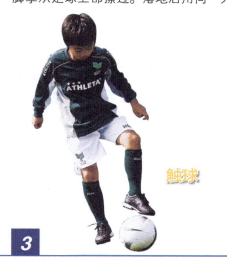

触球

3

4

如图3所示，右脚跳过足球向前一步，而此时控制足球的左脚要踩在足球上面。
如图4所示，触球的同时，将足球送到身体前方右脚的位置上。

触球

8

9

如图8所示，继续用左脚停住足球，足球经过身体前方后，被送到左侧位置。
如图9所示，两脚交叉，用左脚停住足球，返回到图1的状态。

用脚掌交替带球

本练习主要是训练两脚之间交替带球的技术动作。训练进行到这里，基本上球员们都已经熟练掌握了使用脚掌控球，对于那些双脚控球水平很难平衡的球员，也可以先练好一只脚。此时，在带球推进的过程中，身体可以偏向一侧，用脚掌从足球上部擦过。慢慢可以让两只脚都熟悉带球的感觉，进而达到双脚平衡的效果。

如图1、图2和图3所示，把球放在身体的右侧，用右脚脚掌领着足球向前盘带。足球经过身体前面，被送到左脚的位置。

如图4、图5和图6所示，足球向身体左侧移动，此时用左脚脚掌，把球向右拨。如图2和图3所示，可以结合跳步完成技术动作。

用脚掌拉球→跨球

在前页中介绍的"用脚掌交替带球"技术动作的基础上，加上跨球动作盘带。足球经过身体前面的时候，从球上跨过去。这并不是多复杂的技术动作，但是很多球员的动作都不够规范。首先要完全理解动作要领，如果身边有教练或熟悉此技术动作的人，可以让他先演示一次。

触球

如图1所示，用右脚脚掌，将足球从身体的左前方拨到右边。

如图2和图3所示，在足球经过身体前面的同时，左脚跨步绕过足球，此时足球从左脚的后面被拨到身体的左侧。

触球

如图4所示，此时的足球向左移动，用左脚将足球拨到相反方向。

如图5和图6所示，足球经过身体前面时，用右脚跨步绕过足球，此时足球从右脚的后面被拨到左侧。

外脚背→脚弓【加入变化】

如图 1 所示，面向身体左侧，用左脚的外脚背带球向前推进。

如图 2 所示，待足球运行速度减慢，准备换另一只脚。

如图 5 和图 6 所示，用右脚的外脚背，将向右运行的足球控制住，并继续盘带。

如图 7 所示，降低带球速度，并准备再次换脚。

虽然也是变向的技术动作，但是在实战的突破中非常实用。变向时，要假想面前有对手逼抢。要点是用脚弓将足球从支撑脚后面拨过去，完成变向后，立刻用另一只脚的外脚背触球，此时就如1-1控球那样，带球向前推进。突破时，换脚控球之后，要加速推进。

触球

3

4

如图3和图4所示，用左脚的脚弓将足球向右推，经过右脚后面，完成变向。用脚弓触球后，轻轻跃起，跨过足球。

8

触球

9

如图8所示，用右脚的脚弓将球换到左脚位置，同时轻轻跃起，左脚离地，足球从左脚下面到达身体左侧。如图9所示，返回最开始的状态。

外脚背→外脚背

用外脚背进行 1-1 的带球推进，进行每只脚触球 2 次的训练。身体要面向前方，但是足球按照曲线运行。触球脚变化时，两只脚要交叉。需要注意的是，触球时要保持脚距离足球最近。在练习的过程中，注意每个技术动作只触球 1 次。

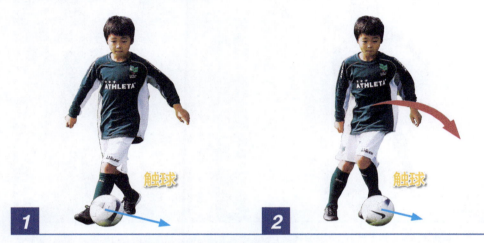

如图 1 所示，用左脚的外脚背将球向身体的左前方推进。

如图 2 所示，用另一只脚的外脚背再次触球。按照 1-1 带球推进的方式练习。

如图 3 所示，向前迈出一步后，用右脚的外脚背将足球向身体右前方推进。

如图 4 所示，用右脚的外脚背，将足球向右侧拨出，返回图 1 的状态，反复练习。

培养柔和的球感与带球的节奏感

停球→绕球→外脚背

这是在进入记住假动作的练习之前，需要掌握的技术动作。基础动作仍然是1-1的控球，向斜前方推进时，一定要有

从球上绕过的动作，让足球横向移动。此时，膝盖要充分弯曲，也可以加入上身晃动的动作，就像此时面对防守队员一样。

如图1所示，向右前方控球推进，用右脚脚掌停住足球。
如图2所示，抬脚做出向右拨球的动作，脚从球上绕过。
如图3所示，膝盖弯曲，用左脚外脚背将足球送到左边。

如图4所示，向左前方控球后，用左脚脚掌停球。
如图5所示，跨步绕过足球后，左脚落地。
如图6所示，右脚不落地，直接用外脚背将足球拨到右侧。

培养柔和的球感与带球的节奏感

脚弓→跨球→另一只脚停球

如图 1 所示，用右脚的脚弓将足球拨到身体右侧。

如图 2 所示，在足球向右移动的同时，右脚跨过足球，上身也随之移动。

如图 5 所示，用左脚的脚弓将运行中的足球停止。

如图 6 所示，用停球脚的脚弓将足球推进到身体的右前方。

90

继续加入"跨过"足球的动作的练习。目的是持球时，掌握柔和的球感，且 同时加入假动作。对于刚开始练习的球员，推荐循序渐进地进行。

 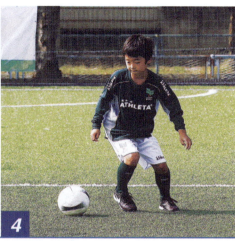

如图 3 所示，右脚在足球上方经过瞬间的停留后，跨过足球。
如图 4 所示，跨过球后，按照先右脚后左脚的顺序落地。此时，膝盖弯曲，重心放低。

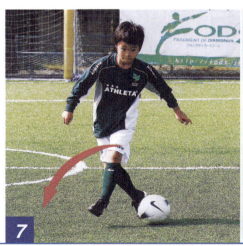 

如图 7 所示，用左脚跨过足球，按照先左脚后右脚的顺序落地。
如图 8 所示，落地后用右脚脚弓停住足球，用右脚脚弓将足球送到左侧位置后，返回刚开始练习的状态。

脚弓→跨球→脚弓

如图1所示，用右脚脚弓将足球拉到身体左侧。
如图2和图3所示，在足球移动的过程中，用右脚完成跨球动作。

如图6和图7所示，在改变足球运动方向后，立刻开始控球，且用左脚完成跨球动作。

在跨球练习的动作中，也可以加入变向的训练。要点是跨过足球的脚要平稳地落地。在练习的时候，假想身前有防守球员逼抢，在跨过足球之后迅速完成转身动作。

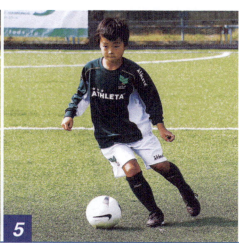

如图 4 所示，按照先右脚后左脚的顺序，有节奏地落地。

如图 5 所示，不等足球静止，直接用左脚脚弓，迅速地改变足球的方向。

触球

如图 8 和图 9 所示，跨过足球后，按照先右脚后左脚的顺序，在足球的一侧落地。

如图 10 所示，一次触球后，将足球拨到身体的左侧，返回最开始的练习状态，重新开始。

跨球→外脚背

在学习实战中过掉对手的实用技术动作的同时，可以加入柔和的球感，以此达到**脚下功夫了得且触球干净利索**的训练目的。一起开始练习吧。

如图 1 所示，在足球静止的状态下，用右脚跨过足球。

如图 2 所示，按照先右脚后左脚的顺序，在足球一侧落地。从足球上方跳过后，此时身体重心在左侧。

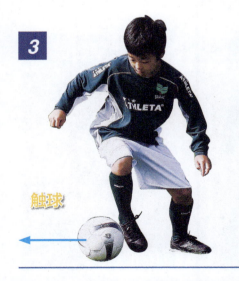

触球

如图 3 所示，双脚落地后，迅速用右脚外脚背触球，将足球拨到身体的右前方。

如图 4 所示，停球后，换作用左脚跨球，然后用左脚外脚背拨球。

脚弓→跨球→外脚背

　　这是在前页所介绍的技术动作基础之上的扩展训练。"跨球"时，身体要摆动起来，膝盖弯曲，跨球之后身体的重心要放低。然后用外脚背拨球，练习的时候要掌握好节奏。

如图 1 所示，用右脚的脚弓控球，将足球拨到身体的左侧。
如图 2 和图 3 所示，用左脚的脚弓触球之后，紧接着用右脚跨球。跨球时，上身要摆动。

如图 4 所示，按照先右脚后左脚的顺序，在足球的一侧落地。
如图 5 和图 6 所示，落地的同时，用右脚的外脚背触球，将足球拨到身体的右侧。用另一只脚做同样的练习。

跨球【向内】→跨球【向外】 →外脚背

如图 1 所示，用右脚的脚弓，将足球拨到身体的左侧。

如图 2 所示，此时足球处于向右运行中，用右脚跨过足球。

如图 3 所示，按照先右脚后左脚的顺序，在足球的斜后方落地。

如图 6 和图 7 所示，用左脚的脚弓将足球向右切，此时向右带球推进。接下来练习的是用左脚从外侧向内侧跨球。

跨球之前与跨球之后的触球，要尽量快速、准确地完成。如果可以快速地处理好足球，当实战中在禁区内，需要迅速作出处理球的决定时，将会有很大的帮助，因此要勤加练习。

如图 4 所示，左脚落地后，紧接着右脚抬起来，这次是从内侧向外侧跨球。
如图 5 所示，按照先右脚后左脚的顺序落地后，立刻用左脚的外脚背将足球拨到身体左侧。

如图 8 所示，跨过足球后，左脚落地。
如图 9 所示，右脚落地的瞬间，抬起左脚，从内侧向外侧跨球。
如图 10 所示，用右脚的外脚背，将足球拨到身体的右侧。

踩单车

触球

1

触球点

从足球的后面开始，就像绕球画一个圆圈

2

触球点

从足球后面开始，经过足球里侧，做踩单车动作

如图4所示，左脚从足球的里侧到外侧绕球，做踩单车动作。

如图5和图6所示，左脚在足球左侧位置落地。反复几次后，用外脚背带球推进。

4

踩单车是我们非常熟悉的技术动作，但是本书前面内容介绍的跨球，大多指的是从外侧到里侧，而踩单车恰恰相反，是从足球的里侧往外侧跨。脚部的动作是从足球的里侧开始，向外绕球。可以先在无球状态下自行练习。

触球点

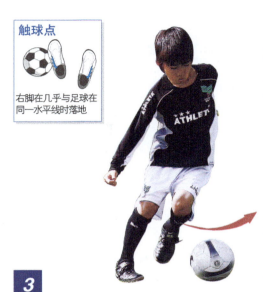

右脚在几乎与足球在同一水平线时落地

如图1所示，带球向前推进。

如图2所示，右脚从里侧向外侧绕过足球，完成踩单车的动作。

如图3所示，右脚在几乎与足球同一水平线时落地。右脚落地的同时，左脚准备开始踩单车。

3

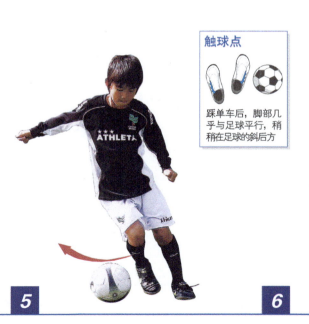

触球点

踩单车后，脚部几乎与足球平行，稍稍在足球的斜后方

5

触球

6

假动作

假动作指的是通过假装射门或假装传球，来欺骗对手。时刻想着"过掉对手"是假动作的最重要的事情。

向里扣再向外拨

1

2

触球

4

5

如图 4 和图 5 所示，以左脚为支撑脚站稳，此时足球向左移动，突然用右脚外脚背，将球向外拨。

触球点

右脚脚弓触球

触球

3

本页介绍的"假动作",是接下来所有假动作的核心技术动作。要点是,在做出欺骗对手的假动作之前,足球要在身体的正下方,先向里扣再向外拨时,控球脚不要落地。按照"向内扣→迈脚步→向外拨"的感觉练习一下。刚开始练习的时候,要慢慢规范技术动作,身体协调动作自然,接着让同伴假装为对方防守球员,最后大胆地在实战中应用。

如图1和图2所示,在1-1控球推进时,先降下速度,此时身体移到足球左侧。
如图3所示,用右脚脚弓轻轻触球,身体也随之略微倾斜。

6

7

如图6和图7所示,以最快的速度控球,从对手身前过掉他。最重要的就是控球启动要快。

向里扣再向外拨→挑球

　　这个技术动作是延续了前页中介绍的"向里扣再向外拨"，然后用外脚背将足球挑起来，从而达到过掉对手的目的。用外脚背挑球时，足球要高于对方防守球员的脚面。还要注意对方也会出脚，因此不要被对方球员绊倒。待完全

掌握了前页介绍的"向里扣再向外拨"的技术动作之后，再来挑战一下。如果球员拥有足够强大的意志力要过掉对手，在面对对手的时候，多动脑思考，就能找到最好的解决问题的办法。

触球

1　　　　　　　　　　**2**

如图 1 和图 2 所示，用右脚做向里扣再向外拨的动作后，将足球拉到身体附近，左脚作为支撑脚站住后，右脚放到足球下面。

能够猜到对手是否会中招

对方出脚试图抢球，此时把足球挑起来，越过对方的脚面。

触球点

挑球之前，要把脚放在足球的下面

触球

3　　　　　　　　**4**

如图3和图4所示，用右脚的外脚背，迅速将足球向右前方挑起来。足球在落地的时候，身体动作迅速跟上去，完成过掉对手的动作。

假动作

绕球 1

触球点

用右脚脚弓触球

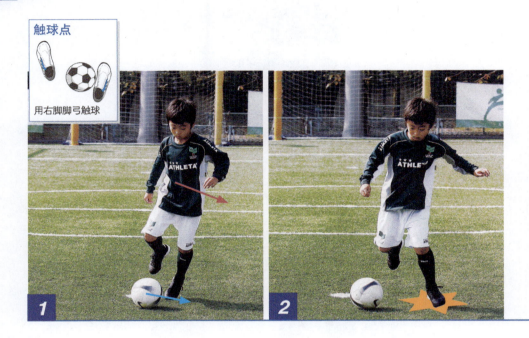

如图4和图5所示，此时右脚抬起，在足球的
同一水平线上时，再次跨步绕球，而用左脚的
外脚背将球横拨到左侧。

如图6所示，加速盘带，摆脱对手纠缠。

在熟练掌握了前页中的向里扣再向外拨的动作后，可以尝试挑战下一个动作。如果能熟练掌握向里扣再向外拨的动作，这个做起来也会非常简单。动作的基本要领是向里扣之后不立刻向外拨，而是再加一个跨步绕球。也就是说，在向里扣之后，跨步绕球的动作要做2次。要点是膝盖要充分弯曲，跨步绕球的动作要快。与此同时，上身也要随之有摆动。

如图1所示，右脚脚弓一次完成触球向里扣的动作。

如图2所示，当足球与身体位于同一水平线上时，以左脚为支撑脚站住位置。

如图3所示，用右脚外脚背假装要将球向右横拨。

触球

绕球 2

在"绕球1"的技术动作基础上，再加一个跨步绕球，从右边摆脱对手。最开始的时候，仍然是佯装向右拨球。但是如果做完绕球动作后，左脚触球时，可以向左迈出一步之后做出射门或传球的假动作，如果此时仍然没有摆脱对手的防守，也可以尝试再加一次跨步绕球，并从右侧摆脱。做动作时一定要牢记快速出脚，且最开始触球的部位应该是脚弓。

如图1所示，右脚脚弓一次完成触球向里扣的动作。

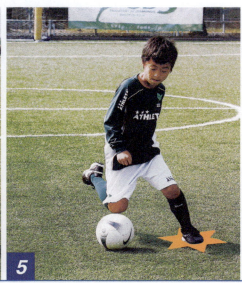

如图4和图5所示，再次用左脚跨步绕球。此时足球不要离开身体的控制范围。

触球点

球与脚在同一水平
线上时跨步绕球

如图 2 和图 3 所示，左脚为支撑脚，站住后，右脚此时伴装横拨，但是落地后，右脚变为支撑脚站住位置。

如图 6 和图 7 所示，用右脚外脚背将球向右前方拨出，加速盘带，摆脱对手纠缠。

踩单车

虽然在第 98 页介绍了踩单车的技术动作，但这里练习的踩单车动作，会在实战中更加实用。在完成向里扣再向外拨的动作时，如果不向外拨，就是踩单车的动作了。在实战中，向对手展示了向里扣再向外拨的动作后，如果再次摆出做同样动作的架势，而实际是做踩单车，则更容易欺骗对手。如果能熟练掌握这两个技术动作，对手将很难猜到你下一步处理球的方式是什么。

如图 1 所示，足球放在身体的正下方。

触球点

用右脚脚弓触球

如图 2 和图 3 所示，用右脚脚弓触球的同时，将球拉到身体的附近。

如图 4 和图 5 所示，左脚为支撑脚，右脚如同绕球画一个圆圈，从球的里侧向外侧跨过。此时给对手造成错觉，会以为接下来要向右拨球。如图 6 所示，趁对手向右移动时，用左脚的外脚背向左拨球，摆脱对手。

花式踩单车

如图1所示，开始练习的时候，足球放在身体的右边。
如图2和图3所示，用右脚脚弓横拨，此时左脚为支撑脚。

如图6和图7所示，绕球后右脚迈出一大步，作为支撑脚站住，用左脚再次完成踩单车的动作。

110

在"踩单车"动作的基础上，重复几次就是所谓的"花式踩单车"。身材高大的球员，踩单车的动作幅度也要大一些，而身材瘦小的球员，则要以频率取胜。所以要根据自己的身材，有针对性地去练习。我们还需要明白的是，假动作不仅仅是为了欺骗或迷惑对手，也可以应用在假装向边路分球实则变向，以及在对方禁区附近闪开射门角度等场景。想要提高水平，只能通过日复一日的训练。

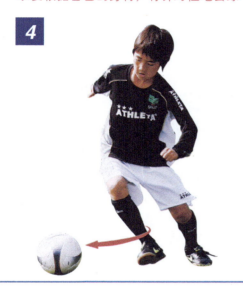

如图4和图5所示，用右脚完成踩单车的动作，如同绕球画一个圈。

如图8和图9所示，完成踩单车后的左脚作为支撑脚，用右脚外脚背触球，将足球向右拨，并加速带球推进。

做假动作的一瞬间

向里扣再后外拨

如图 1 所示，将足球放在身体的右侧。

如图 2 所示，用右脚的脚弓，将足球拉到身体的前方。

如图 3 所示，左脚作为支撑脚站住位置。此时对手的身体中心通常会向右移。

如图 1 所示，足球在身体稍稍靠前一点，此时很容易触到足球。对手已经站住位置，摆好防守的架势。

如图 2 和图 3 所示，在对方出脚上抢的瞬间，迅速用右脚的脚弓将足球向左侧拨出。

在比赛中能否熟练地使用假动作，很大程度上取决于假动作之前的瞬间，也就是我们所说的"策略"。要判断出假动作的最佳时机，首先要观察对手身后是否有足够的空档，确定好假动作成功后的跑位。接下来，要掌握好假动作可以骗过对手的方式，把球运到对方出脚无法触到足球的位置。只有用好了"做假动作的那一瞬间"，才能够克敌制胜。

如图4所示，用右脚外脚背将足球向右前方拨出。
如图5和图6所示，从对手里侧出球后，加速摆脱对手的防守，带球准备射门。

如图4、图5和图6所示，在发现对方判断错误的一瞬间，用左脚的外脚背将足球拨到对方球员身体的另一侧，并摆脱对手。

第 2 章
赢得对抗

掌握了个人控球技术之后，就需要了解在实战中该如何应用。知晓了从对方脚下抢下足球的意义，到破门得分的方式等，慢慢就会朝着一个在球场上攻击力十足的球员发展。

抢球

在比赛中，为了破门得分获得比赛的胜利，需要球员们具备全方位的综合能力，从对手脚下抢断足球也是至关重要的环节，与控球、传球、射门有着同样的重要意义。

由防守体系所导致的实力差距

现代的足球比赛中，都非常讲究"防守体系"。为了确保本方防线固若金汤，通常教练会要求更多球员参与防守，且在由守转攻的时候，也会有更多球员能够参与到进攻中。这就对个人单兵作战的防守要求越来越高了。对于进攻型球员来说，相对于进攻能力可以得到无限的提升，防守水平的提升有限。而且通过"防守体系"进行防守，很难体现出可以决定比赛胜负的关键球员。但是参与到防守体系中，也可以打造一个出色的"防守体系"。

在防守体系里，同样要有抢球意识

为了"成为那个可以决定比赛胜负的关键球员"，不仅需要球员自己有抢球的意识，也需要置身于抢断意识较好的防守体系中。在掌握了良好的个人控球技术，可以随心所欲地处理球之后，就会在实际训练中进一步磨合。参与防守的对方球员都会有一定的防守水平，这样也可以检验自己的技术动作是否在比赛中实用。在足球比赛中，对于破门得分而言，从对方脚下抢断足球也是非常重要的技术，与控球、传球、射门在重要性上是相同的。从"协作抢球防守"的球员中，可以涌现出决定比赛胜负的球员。

在破门得分的整个过程中，很多人也会清晰地记得，这个球是谁从对方脚下断掉的。

铲球

"铲球"是一件很痛苦的事情吗？
"满场飞奔"会不会很辛苦？
"头球"会疼吗？

很多成人球员（教练员）在回忆儿时练习足球的时候，满是"辛酸"，所以在平时或实战中对小球员进行指导的时候，不经意间流露出来铲球是很痛苦的感觉。但是，小球员们往往不这么想。

很多小球员为了探知更多的防守技巧，往往会在场上不知疲倦地奔跑。很多小球员都要尝试从俯身冲顶到鱼跃冲顶的所有技术动作，希望自己能够掌握其中的技巧。如果球员们在身体对抗上吃亏，往往也更加偏好在比赛中果断放铲。

如果能够掌握铲球的技术动作，从对方球员脚下断掉足球，球员也会从防守中体会到更多的乐趣。干净利索的铲球与身体对抗，也是构成足球比赛魅力的一部分。

一个球员的故事

曾经有这样一个球员，技术动作的基本功非常扎实，但总是学不会发力把球踢远。所以在训练比赛中，他只喜欢盘带控球。

在训练比赛中，对方很难从他的脚下断掉足球。但是由于不会发力，射门总是软弱无力，毫无威胁。于是他日复一日地勤加练习。但是无论他怎么练习，都没办法打出势大力沉的射门。

这个球员非常苦恼。那时候他反复对自己说，"我要破门得分"。而教练却对他说了这样的话：

"如果没办法把射门水平提高，那就坚持你的优势，把控球盘带进行到底。如果能盘过对方门将，面对空门岂有不进之理？"

他觉得教练说得很有道理。

从那时候开始，这个球员如鱼得水般地更加勤奋地练习控球，要按教练说的把球带到对方球门。后来，这名球员拥有了超一流的控球技术，慢慢地实现了在球场上的梦想。

这就是一名球员的故事。

用外脚背铲球

如图 1 所示，与对方球员在同一水平线上移动，找准时机。铲球时，另一只脚要保持水平方向。

如图 2 所示，看准时机，将足球从对方脚下破坏掉。

用脚掌铲球

如图 1 所示，在双方同时追抢足球时，迅速放铲。

如图 2 所示，通过迅速放铲，破坏掉对方控制足球的机会。铲球时，另一只脚的位置是在身体的下面。

铲球后传球

如图 1 所示，铲球后，用脚弓将球控制在脚下。

如图 2 所示，像抱住足球一样，回身站起来。

如图 3 所示，观察身边的情况，并将球传给队友。

传接球

为了在比赛中与对手的对抗中占据上风，在掌握了运球的技术，理解了抢断对于比赛的意义之后，接下来的练习是传接球。

兼备娴熟的技巧与足够的力量

我们在第19页中介绍的"掌握控球技巧之前"，谈到与其"踢得远"，还不如"踢不远"。这么说的原因是，如果受到对方的逼抢，力量足的球员往往为了避免足球被对方抢断，会选择开大脚将球踢远，这样就白白浪费掉了宝贵的练习控球的机会。

但是，充分掌握了控球技巧之后，就应该练习如何把球踢远了。如果可以将球踢得很远，且有足够的力量，在比赛中可以选择长传给远端的队友，这样也可以丰富比赛的选择。球员在比赛中有了丰富的选择后，就需要多动脑。与此同时，长传可能会导致失误的增加。

重要的是，要清楚自己的传球范围。在比赛中出现很多失误的原因，往往是没有按照自己的想法把足球传到队友的脚下。

想要成为那个能够"决定比赛胜负"的关键球员，需要不停地练习传接球。在经过大量的短传倒脚之后，慢慢可以让传球的距离更远，传球的方式也会多种多样。多数防守球员都会惧怕兼备"娴熟的技巧与足够的力量"的球员，而且这样的球员往往不会受到比赛胜负与场上局势的影响，在比赛中可以全身心地投入。

"传球"练习

根据与队友之间的距离，采取不同的方式传球。无论在传球时是否发力，目标都是让球能够准确地传到对方脚下，要点是在接球的时候，要注意接球方式的变化。

短传

如图1和图2所示，与队友练习短传时，为了能够让队友能够舒服地接球，尽量不要发力。

如图3所示，传球动作不要太大，频率要快，传接球练习要紧凑。

长传

如图1和图2所示，长传时，足球不要离身体太近，要有意识地让足球离身体有一些距离。

如图3所示，在进行足够的助跑后，支撑脚站稳，开大脚的时候注意全身发力。

为了掌握传球技巧而进行的颠球练习

对于力量还没有达到一定程度的球员来说，传球训练是单调且枯燥的。而且这些球员会认为，随着身体发育，力量一定会跟上来，到时候自然而然地就可以把球踢远。

可是在整个足球生涯的训练与比赛中，球性是所有事情的基础。只有培养出好的球性，通过反复的训练，掌握了基本的技术动作之后，传球水平才会随之提高。颠球的训练，可以提高以上所有关于球性、基本技术、传球技术等的水平。

在目的性非常明确的基础上进行球性的训练，对于提高足球的技战术水平是非常有帮助的。

颠球可以体现出一个球员的性格特点

对于不会颠球的人来说，颠球可谓是一件痛苦至极的事情。可以从颠球上，多多少少地看出球员的性格。有的球员很有毅力，一次可以练习很长时间，有的球员球掉了后立刻重新开始，还有的球员几次练不好之后就索性放弃了。想要成为一个好球员，一定要爱颠球。通过颠球练习，至少可以让所有球员们明白一个道理，就是只要坚持日复一日、年复一年的练习，无论刚开始的时候是如何困难，最终都能够举重若轻、游刃有余。

尝试把球颠过头顶

视线随着球的移动而移动，如果视线跟不上足球的移动，则无法判断足球的下落方式，这样就很难继续进行下去了。

尝试用身体不同部位触球

如图 1 所示，尝试挑战用脚弓颠球。 如图 2 所示，不时地用胸部停球颠球。 如图 3 所示，用大腿颠球，可以使足球与身体的接触面积更大一些。

颠球练习时，加上一些有难度的条件

如图 1 所示，用颈后夹住足球。 如图 2 所示，足球下落时，在足球落地之前，用脚背与小腿夹住足球。 如图 3 所示，依次用左腿大腿、右腿大腿颠球，穿插用头部颠球。

如图 4 所示，最后用头部把球颠起来后，迅速弯下腰来。

如图 5 所示，弯腰后，用后背接住足球。要懂得控制触球的方式，尽量减少触球次数，用最少的触球达到控球的目的。

123

边线停球 1

在本节中，不仅要对传球进行训练，而且要同时提高"接球"的水平。在现代的足球比赛中，盯人防守越来越紧，身体对抗也越来越激烈。比赛中，在对方球员盯人紧逼的情况下，为了不让对方从脚下抢断，经常会要求球员们能够在传球时，做到尽量快速、简单地把球处理掉。因此，接球与控球的技术动作会显得尤为重要。

如图 1 所示，接球之前，观察好对方球员的位置，想好接下来的处理球方式。

如图 2 所示，用脚弓控制住足球，不要让球在脚下停留。
如图 3 所示，自然地衔接下一个技术动作，带球向前推进。

边线停球 2

对传到自己身前的足球，最好是用脚弓接球。如果用外脚背停球，球很有可能会出界。当球员能够熟练地掌握之后，下一个训练内容就是在跑动中停球。尽量在跑动中不减速，且脚下不黏球，把停球与接下来的控球盘带动作连贯到一起。

如图 1、2 所示，在跑动中接球。比赛中，在跑动过程中也会伴随与对方球员发生身体对抗。
如图 3 所示，准备停球（此时尽量不要降低跑动速度）。

如图 4 所示，顺势用脚弓把球停下来。此时，尽量不要让足球在脚下停留。
如图 5 所示，抬头观察，自然地进入到接下来的盘带推进。

边线停球 3

在对方禁区附近接到对手传球时，通常会遭到对方防守球员的严密盯防，因此停球时，准备工作一定要做足。这时，如果能用"假动作"去欺骗对手，往往效果会更好。假动作尽量做得幅度大一些，晃动时传递的假信号更明显一些，这样才更容易让对手相信并中招。即使对方防守球员出脚只慢了一步，在这种千钧一发的时刻也是致命的。优秀的选手都是在电光火石间搞定这一切的。

如图 1 所示，接到来自中路的分球，在从边路向中路的跑动过程中接球。

如图 4 所示，身体靠边线舒展开，此时球到脚下。

如图 5 所示，用靠近边线那只脚的脚弓把球控制下来。

如图2所示，全身发力，假动作的幅度要大。

如图3所示，接下来的一瞬间，膝盖弯曲，上身面向边线方向。

如图6和图7所示，停好球后，沿边线加速带球向前推进。通过用脚弓控球，可以让足球运行的方向自由变化。

向前跑动过程中接球

　　成为优秀球员的必要条件之一，就是拥有快速前插的能力。如果队友从背后传球，接球时要尽量减少触球次数，迅速向前推进。因此，要注意时刻观察场上的情况，尤其是要清楚地掌握附近防守球员的位置。例如，即使遭遇对方球员上前紧逼，只要接球时对方出脚无法直接碰到足球，就有机会做动作摆脱对手的纠缠。

如图 1 所示，队友传球到位，用脚弓将足球停到身体左侧。
如图 2 所示，尽量一脚触球，并改变足球的运行方向。
如图 3 所示，停球的同时，完成转身。

如图 4 和图 5 所示，为了与接下来的动作顺畅地衔接，在接球、转身动作之后，一定要牢记抬头观察身边的情况。

就像背后长了眼睛！

很棒！

　　在背后有对方球员逼抢时，在接球之前要观察好对方球员的动作。这个习惯要在平时的训练中养成。

向前跑动过程中接球后与队友的二过一配合

假设正在被身后的防守球员严密盯防。此时如果接到队友的传球，通常球员会选择用身体挡住防守队员接球，或将足球控制在脚下。如果再仔细想一下，也许还会有其他的办法，通常可以决定比赛胜负的球员，会考虑到与队友做二过一踢墙式配合，来摆脱对方的防守。充分发挥队友的作用，也是成为优秀球员的必要条件，而且，传球后加速启动跑位，也是足球比赛最基本的组成部分。

如图 1 所示，用脚弓停球。停球时可以稍稍后撤一点，为了与队友合拍，做接下来的二过一配合。
如图 2、3 所示，充分吸引对方球员的注意力，尽量快速地将球敲给本方队友。

如图 4 和图 5 所示，传球后加速启动跑位，迅速绕过对手跑到其身后，并等待队友把球传回来。

过掉对手

足球能给人带来快乐的瞬间，莫过于过掉对手的那一刹那。在现代足球体系中，如果想成为最耀眼的那一个，先学会如何"过掉对手"。

从普通球员蜕变为优秀球员的诀窍

"为了成为可以决定比赛胜负的选手"，我们在第1章的"基本技术动作训练"中，介绍了很多的基本技术动作，要求球员在平时的训练中，尽量用正确的方式触球、控制球。接下来在"培养柔和的球感与带球的节奏感"中，通过加入了拿球时的注意动作，比如膝盖要弯曲，重心要放低等，重点教球员们掌握迅速处理脚下球的能力，以及在触球盘带过程中注意节奏感。最后介绍了几种"假动作"，通过反复练习做假动作时身体也随之晃动，可以在训练比赛中，让球员始终处于"过掉对手"的氛围中。

接下来讲的是过人的脚步。在接下来的练习中，球员们一定会遇到无数次失败。如果在训练中有机会拿球面对对方球员的防守，要果断地尝试过掉对手。不要怕失败，就当作检验一下所学习的技术动作。即使球丢了，也没关系，多思考到底是哪个环节出了问题。

只有经过反复的练习，经历了无数次失败之后，成功的那一刻才是最宝贵的。不要忘记成功地过掉对手的感觉，紧接着继续下一个挑战。能够总结出过人失败的尝试，与过人成功的尝试到底有何差距的球员，才是能够蜕变为善于过人的球员的秘诀。足球被对手抢断，无论是对自己还是对球队来说，都会多少带来消极的影响，虽然球员们都会坚持自己喜欢的事情，但是在比赛中还是要尽最大努力控制无谓的失误。作为教练，我们会支持那些有强烈意愿的小球员，让他们坚定"一定要实现过掉对手"的热情。对于一场魅力四射的足球比赛而言，并非要求所有的球员都只具备破门得分的能力，我们需要各种不同的球员来丰富比赛的内容。

想要蜕变为优秀球员，本无"诀窍"可言。但是通过不断的练习，一定可以掌握"如何过掉对手"的诀窍。

跨球

如图 1 所示，用小幅度的动作触球，面向对手，做出控球盘带的假动作。

如图 2 所示，此时的目的是带球向中路切入，并寻求射门的机会，因此抬脚做假动作后，对方由于无法判断我们真实的意图，动作会慢半拍。

如图 5 和图 6 所示，对手此时无法及时作出回应，右脚此时不做任何停留，用外脚背将足球拨向中路。此时的足球在对方的破坏范围之外。

如果在对方禁区内，又需要当机立断地做出处理球的决定时，通常对方的防守会很严密，处理球的空间都会很狭小。这时候，假动作可以作为一个非常有效的手段，通过动作幅度小、频率快的控球、简洁的跨球，可以让对方防守球员反应慢半拍，从而找到射门的空间。

如图 3 所示，给对手传递的信息是向底线盘带，用右脚快速跨球。对方为了封堵向底线走的线路，势必会出脚上抢。

如图 4 所示，跨球后的右脚在绕过足球后落地。

如图 7 所示，拔球后立刻加速，切到中路。

如图 8 所示，切到中路之后，调整脚步准备起脚射门。

踩单车

如图 1 所示，球在身体正下方稍微靠右，用右脚脚弓拨球，伺机寻找对手的破绽。
如图 2 和图 3 所示，最终目的是要向左前方（对于防守球员来说是右前方）推进，先用右脚的脚弓一脚触球。

如图 6 所示，踩单车的右脚落地时，尽量离球稍远。
如图 7 所示，接下来用左脚外脚背将足球拨到身体的左前方，全身发力，带球推进。此时身体的重心要放低。

尝试摆脱对方球员的防守时，要观察好场上的情况。首先，**要确认好队友的位置**；其次，**观察好自己接下来的带球线路上是否有足够的空间，对手是否早已设下埋伏**；最后，**要时刻记得确认是否有队友上来接应**。通常要设计好一条完整的带球线路，这样的话，过掉对手后，才能够顺畅地与接下来的比赛衔接。

如图 4 所示，左脚作为支撑脚站住位置，此时对手不会轻易出脚上抢。
如图 5 所示，紧接着用右脚做踩单车的技术动作，右脚绕过足球后落地。

如图 8、图 9 和图 10 所示，向前启动后，将身体巧妙地阻挡在对方球员与足球之间，让对方球员无从出脚抢断。此时可以衔接下一步的动作，无论是射门还是传中。

跨球→踩单车

如图1、图2和图3所示，盘带时面向对方球员。从足球距离身体稍有一点距离的地方开始，向边线盘带，用右脚迅速完成跨球动作。持球队员想要向底线突破，此时假动作做得要逼真，这样更容易引起对方球员的注意。

如图7和图8所示，接下来的一瞬间，伴装要向中路（右侧）横切，用右脚做踩单车的动作。
如图9所示，踩单车的右脚落地时，尽量离球稍远。

这页的假动作，是将132页的"跨球"与134页的"踩单车"融合起来的技术动作。目的是将单独的技术动作在一定的带球速度基础上，完美地发挥出来，而且可以根据自己的想象力与创造力，在球场上任意发挥。足球运动，就是一个充分发挥球员的想象力与创造力的运动，球员也不能完全照搬教练所传授的知识，因为这样的球员很难成为优秀的球员。

如图4和图5所示，跨球脚在完成跨球动作后落地。
如图6所示，足球此时在身体靠右侧的位置，此时双方都盯着足球。

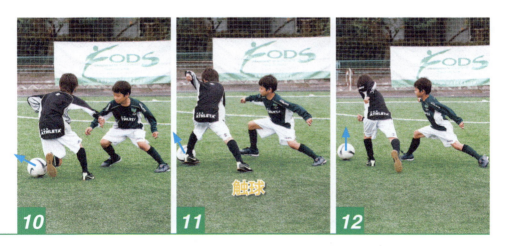

如图10和图11所示，用左脚外脚背拨球，带球向底线突破。用身体阻挡对手破坏足球。
如图12所示，加速盘带，摆脱对手纠缠。

花式踩单车

如图1所示，用左脚在身体的左侧控球，面对对方防守球员，左脚脚弓与身体在同一直线上，用脚弓触球，动作要简洁。

如图2所示，右脚作为支撑脚站住位置。

如图6、图7和图8所示，接下来用右脚踩单车。跨球时步幅稍大，右脚从足球前面绕过后，尽量让球距离身体稍远一些。

在"假动作"的章节中，我们学习了踩单车与花式踩单车的基本动作。接下来的练习，是要将踩单车的动作融入身体动作中，通过反复练习，可以将足球与身体的动作自然而然地融合到一起。接下来的练习目的，就是通过掌握的个人基本技术动作，根据对方球员的情况，采取恰当的策略。凭个人能力自不必说，也可以通过二过一的撞墙配合，来提高突破摆脱的水平。

如图 3 和图 4 所示，首先用左脚跨球，然后做踩单车的动作。
如图 5 所示，踩单车后左脚落地，用右脚外脚背，佯装将球向右拨。

如图 9 所示，用左脚的外脚背将足球拨到身体的左前方，同时带球加速推进。
如图 10 所示，两次节奏感十足的踩单车假动作之后，防守球员一定会反应不及，趁对方犹豫的瞬间，迅速进入下一个比赛环节中。

弹性带球

如图 1 所示，用右脚外脚背，小步幅快频率地盘带触球，此时足球的运行方向正对着对方球员的右脚
如图 2 所示，通过小步幅快频率的盘带，逼迫对手节节后退。

如图 5 所示，此时拨球脚不落地，用脚弓向左前方变向。
如图 6 所示，此时对方球员已经无法伸脚破坏足球。

对于很多球员来说，弹性带球是一个看上去有些难度的技术动作。在实战中想要得手，除了有良好的足球技术功底，还要在场上占据有利位置，且能够对对方球员下一步的动作有良好的判断力。因此，在"过掉对手"的最后部分介绍这个技术动作，也旨在对所有摆脱防守的控球技术动作进行总结归纳。在练习此动作的过程中，也要练习琢磨对手的心态与想法。

如图3和图4所示，观察对手的脚下动作，同时伴装用外脚背向右拨球，一脚出球将足球拨到对方球员身体的正对面。

如图7和图8所示，支撑脚蹬地后，一气呵成地加速启动，摆脱对方球员的防守。

关于带球摆脱（总结）

在带球摆脱的过程中，有一些重要的事情要做到，在此一并进行总结。①要找准带球摆脱的时机，尤其是在使用假动作过人时，要求球员具有良好的距离感。②把球运到对方球员无法出脚破坏的地方。球员们在球场上考虑问题的时候，不要把简单事情想得过于复杂。③注意结合速度的变化。所有的技术动作，都不是在同一个速度下完成的，要注意节奏上的变化。④使用球场上一切可以利用的条件。在突破的过程中，得到球场上其他条件的支援是非常重要的事情。

如图 1 所示，开始踩单车，在过掉对手之前，足球一直在左脚脚下。如果对方球员双脚距离较近，用脚弓触球一次后，完成假动作晃动。

如图 2 所示，右脚作为支撑脚站住位置，踩单车迷惑对手，让对手不敢轻易出脚。

如图 3 所示，接下来用右脚的外脚背向右前方拨球，此时身体也随之向右前方移动，带球推进。

如图 4 所示，在整个摆脱对手的过程中，如果距离对方球员较远，则对方很容易跟上；如果距离对方球员较近，足球被断掉的可能性很大。

向里扣再向外拨

如图 1 所示，持球的同时，找准摆脱的时机。

如图 2 所示，用左脚作为支撑脚，降低身体重心，此时对手不敢轻易出脚。

如图 3 所示，迅速用右脚外脚背，向右前方带球推进。

如图 4、图 5、图 6 和图 7 所示，通过简单的假动作，并伴随着速度节奏的变化，推测出对方球员的下一步动作，闪出射门角度并完成射门。摆脱对手时，需要牢记，把足球运到对方无法出脚破坏的位置即可。

如图 8 和图 9 所示，摆脱对手之后，射门的线路会一直在视野中，要找好起脚射门的时机。如果摆脱后犹豫不决，很容易被对手抢断。

二过一突破

　　还有一个摆脱对手防守的方法，就是二过一撞墙式配合。二过一的配合，可以在控球后，实现摆脱对方1名或多名球员的防守。在比赛中，成功地运用二过一战术，除了掌握好突破技术以外，也要能够与接应的队友达成足够的默契。如果能够掌握这两条，在突破的过程中，就不会惧怕任何水平的防守球员。

如图1所示，在右侧边路接球的本方球员①，在与中路接应的本方球员②形成呼应。
如图2所示，充分吸引了对方防守球员的注意后，用右脚脚弓发力，将球传给接应的球员②。

如图3所示，此时球员①沿对手里侧前插。要注意的是，此时足球要时刻在视线中！
如图4所示，球员②接过球后，将足球回传给球员①。

如图 5 所示，球员②在传球时，一定要把球传到球员①的跑动线路前方的位置上。

如图 6 所示，球员①根据此时足球距离球门的距离与场上的位置，可以选择直接射门或传中，以及根据对方防守球员与自己的距离，判断是停球还是直接将球传出去。

如图 7 和图 8 所示，此时球员①不停球，直接将球传中交给球员②。根据球员②的跑位，接球后可以直接形成射门的机会。

射门！！

如图 9 和图 10 所示，此时前插到位的球员②，在接到传中后，可以选择直接射门。

佯装二过一，实际向底线突破

强烈推荐控球球员熟练掌握二过一的配合技术。在比赛中，对方的防守球员一定会拼尽全力抢断足球，而掌握了二过一配合技术的球员，会在拿球的一瞬间，在对方球员上前逼抢时，用眼神向本方队友发出请求支援的信息。实际上，用眼神给队友传递信息也可以是一个假动作。通过练习二过一的配合，可以对场上的情况有所了解，这在足球比赛中非常重要。

如图1所示，在右路接球的球员①，佯装向中路盘带，向队友②传递二过一的信息。
如图2所示，让对方的防守球员相信此时球员①会把球传给球员②，而且球员②已经做好了接球的准备。

如图3所示，不选择传球，而是加速突破摆脱。
如图4所示，在边路形成突破后，下一次触球时，观察好自己的位置、对方守门员的站位、球门的位置，以及自己当前的位置是否与对方防守球员之间有足够大的空档。

如图5和图6所示，此时脑海中要牢记球门的位置与距离。如果此时对方守门员站在门前，需要记住对方守门员的位置与本方队友跑动的位置。

如图7和图8所示，在带球的过程中，了解了对方门将以及本方队友的站位后，找准时机起脚射门。

如图9和图10所示，射门时尽量要打远角（球门的另一侧）。因为这样即使没有吃正部位，射门也有可能误打误撞地变成传中，形成助攻。

佯装二过一，实际踩单车突破

在二过一的配合中，接应球员的作用是至关重要的。其实接应球员的选择有很多，不一定非要回传，也可以自己带球推进，或者传给其他队友。当队友发出了二过一配合的信号时，首先要能心领神会，然后可以选择最有利于本方的方式处理足球。比如图中的球员，假装二过一配合而实则为队友直接创造出射门的机会。

如图 1 和图 2 所示，球员①用左脚带球，向中路推进，创造二过一配合的机会。

如图 3 和图 4 所示，充分吸引对方球员的注意力后，球员①佯装用外脚背拨给球员②，而实际做踩单车过人。

如图5和图6所示，踩单车后，迅速用右脚的外脚背带球向纵深方向推进。此时，观察好包抄到对方球门前的本方队友的跑位。

如图7和图8所示，看准本方队友包抄到对方球门前的时机，将球传向中路。

如图9和图10所示，球员②起脚射门。球员②在队友传出球的一瞬间，就要计划好完成不停球而直接射门的动作。

终结比赛

终结的意思是，完成一轮进攻。一场比赛是由一轮一轮的进攻终结所组成的。有的进攻轮次会有进球产生，而进球也是获胜的必要条件。

整场比赛的最终目的是获得足球的控制权

对于一名球员来说，想要成为能够"决定比赛胜负"的那个人，最重要的是有终结比赛的能力。到目前为止，我们书中介绍了各种各样的个人技术动作，通过训练，可以成为拥有精湛技术和脚法的球员。而在比赛中拿球时，还需要球员有丰富的想象力，以及过掉面前对手、面对球门破门得分的欲望和决心。我们介绍了如何在比赛中通过控球以及二过一的配合过掉对手，接下来要向大家介绍的，就是如何在比赛中有强烈的"破门"欲望。球员拥有了强大的自信，辅以过硬的技术，会成长为一个攻击力十足的球员。接下来必须要掌握的就是，要有"终结比赛"的能力。对于这样的球员来说，最重要的是能用自己的技术，创造出破门得分的机会，且要对自己的技术精益求精。高水平的球员在一场比赛中，获得的有效机会一定是非常有限的。为了能够将有限的机会转化为最大的成果，要求球员无论在任何位置、任何角度，无论是左脚还是右脚，都要具备破门得分的能力。为了成为这样的球员，我们总结了所必需的

10 大重要素质：

①有强烈的进球欲望。②时刻都具有侵略性，保持对对方球门的压力。③具有丰富的想象力。④找准时机。⑤良好的判断力。⑥时刻在场上保持记忆力高度集中。⑦在门前冷静处理球的能力。⑧常常会出其不意。⑨反应速度快，有时需要直觉非常准确。⑩意志力顽强。

在足球比赛中，进球无疑是对比赛进程有着极大的影响，也会提升本队的士气。反之，本已创造出来绝佳的机会，结果却与破门失之交臂，这不仅会对本队的士气带来打击，也会影响自己在其他人心目中的地位。

在职业足球赛场上，最重要的事情莫过于进球。在残酷的职业足球中，往往是成者为王败者为寇，只有击败了众多的对手，才能屹立于不败之地。无论是哪个年龄段的球员，现在都应该去了解这个法则。接下来我们将对不同情况下的射门方式进行介绍，在训练的过程中，可以不断地提高门前的嗅觉。所有的射门，都不需要非常复杂的传递，在训练中和队友们尽情体会其中的乐趣吧。

横向盘带不停球直接射门

触球

在对方禁区附近横向盘带后，不做调整直接射门的动作。一开始练习的时候，可以在不设防守球员的状态下进行，接下来就要在被对方严密盯防的状态下练习了。**要点就是不做停球调整，直接起脚射门。**

如图1、图2和图3所示，在跑动过程中带球推进，要面向对方球门控制好足球。此时最好的处理球的方式，不仅让球停在射门角度较大的地方，还要兼顾考虑摆脱对方的方式。因此处理球时不能降速。

射门 !!

如图4、图5和图6所示，在不降低绝对速度的前提下，追上足球并完成射门。射门时请牢记尽量打球门远角，当然如果对方早有防备封堵远角时，可以考虑变换策略。

用脚掌控球后射门

　　适用于在对方禁区附近，从左侧带球时的射门动作。在对方禁区附近是先决条件。对方禁区是在比赛中最容易破门得分的位置，而只有在比赛中可以做出果敢判断的球员，才能被称为有改变比赛结果能力的球员。如果可以掌握本节中所介绍的技术，即使在空间特别狭小、对手逼抢特别严密的情况下，也同样可以迅速地起脚射门。想要成为优秀的球员，这个技术动作是必须要掌握的。

如图 1 和图 2 所示，向对手要球。此时身体面向中路，准备用右脚接球控球。

触球

如图 3 和图 4 所示，用右脚脚掌带球向前推进。

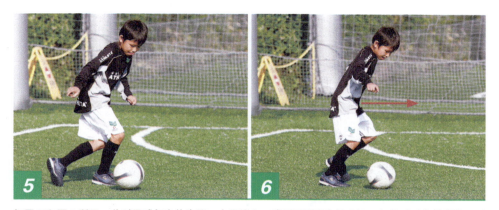

如图5和图6所示，此时足球与身体在同一水平线上，球不要距离身体太远。如果对手上前逼抢，则要想办法将球护住。

如图7和图8所示，在空间有限的条件下，可以选择迅速射门。如果有一定空间可用，可以在往前带球一步之后，在距离球门更近的地方起脚射门。

如图9和图10所示，通过简洁迅速的转身，瞄准球门准备射门。根据场上情况，有时候也可以用脚尖捅射。

转身后射门

　　通常球员在射门之前，都会看好球门与对方门将的位置，在起脚射门的一瞬间，会再确定一次。这个练习中，转身射门就意味着，在起脚打门之前，球员是看不到球门与对方门将的。如果是在这样的条件下，那就只能提前将球门的位置记好，**掌握好自己当前的位置，按照对球门位置的记忆完成射门。**在脑海中要清楚从射门位置到球门之间的距离，以及射门线路上可能遇到的情况。

如图 1 所示，记住球门前的情况、对方守门员的站位，以禁区线或边线等为参照物，推算出当前位置与球门之间的距离。

如图 2 和图 3 所示，转身后射门的瞬间，一定要看好足球的位置。

倚住对手转身射门

掌握了上一页的训练内容之后，可以尝试练习在有对方球员盯防的状态下，倚住对手完成射门。根据事先对球门距离等的推测，在脑海中想象球门前的情况，同时将球控制在对方球员无法出脚封堵或破坏的位置，转身后完成射门。可以通过附近的禁区线等参照物找准自己的位置，在脑海中勾勒出射门线路。不仅如此，还需要了解对方防守球员的封堵动作。

如图1、图2和图3所示，将球控制在离身体较近的区域，合理利用身体，阻止对方防守球员出脚破坏。此时，运球可以稍微回撤一点，这样对方球员即使伸脚也无法触到足球。

如图4、图5和图6所示，转身后完成射门动作。对于一名优秀的攻击性球员而言，背身拿球是必须要掌握的技能。有能力迅速摆脱对手，并保持对对方球门持续的压力，是一个优秀球员所必备的素质。

157

凌空抽射

1

射门 !!

2

如图 1 所示，足球在空中运行的时候，眼睛要追随足球的运行线路，并推断出球的落点，站好位置。

如图 2 所示，对于下落的足球，抽射时要吃准触球的位置。

　　如果对方在禁区内布置了重兵防守，有时候需要球在空中没有落地的时候就展开争夺。有时会使用长传冲吊战术，在禁区内接到本方的长传球后，会直接形成射门的机会。此时，对埋伏在禁区里的球员的要求，就是能够处理好高空球。这种机会有可能在一整场比赛中都不会出现一次，即使机会非常稀少，优秀的球员也必须时刻准备，当机会到来的时候，能够将其转化为进球。

停球调整后凌空抽射

　　凌空抽射的方式有很多。球可能从前面传来、从横向传来，抑或从高空下坠，针对不同的情况，可以采取不同的处理方式。通过反复的练习，掌握其中的技巧。此外，也可以练习用脚背停球，或用胸部停球后再打一脚凌空。

3

如图 3 所示，在完整地完成抽射动作之前，视线不要离开足球，并记住摆腿的姿势。在练习中，要仔细观察抽射后足球的运行线路，以便反复练习并随时纠正。

一对一摆脱后射门【抓住对手破绽与看准射门时机】

　　掌握了基本的技术动作，学会了过掉对手的方法，就可以带着防守球员，训练一对一摆脱后射门。要点是，用最快速度干净利索地完成射门。在训练中，要抓住对手的破绽，并看准射门的时机，整个射门要有自己的特点，成为自己的招牌动作。还要注意不要把全部力气都用在"过掉对手"上，射门同样需要力量十足。

如图 1 所示，准备带球向左前方推进后射门。此时面向对方防守球员，用左脚控球。
如图 2 所示，用左脚将足球控制在自己的身体附近，确认好此时对方门将的站位以及足球和球门的距离。

如图 3 和图 4 所示，用左脚脚弓佯装向右拨球后，从左侧直接向前推进。此时对手的中心会在向右（对于对方球员来说是向左）移动后，在这一侧露出破绽。

如图 5 所示，用脚弓向前拨球的瞬间，右脚作为支撑脚站住位置后，观察好对手此时的动作。

如图 6 所示，用左脚带球向前一步。

如图 7 所示，到此为止都是假动作，可以让对手暴露出破绽。

如图 8、图 9 和图 10 所示，此时带球推进，不可低头看球，上身稍稍向前倾。直线向前推进，对方不敢贸然出脚。要把球带到对方球员无法破坏的位置，且可以闪开射门角度。

如图 11 和图 12 所示，过掉对手后，视线要在球上。要看准时机，坚决果断地起脚射门。如果已经把对方防守队员甩开较远的距离，也可以瞄着对方的球门射门。

一对一摆脱后射门【把球带到对方球员伸脚无法触到的范围】

拥有了自己的"招牌动作"之后，也可以在球场中拥有自己擅长破门得分的区域。下面的图片中，展示的是从球门前方约45度角的位置向中路盘带切入后，完成起脚射门的连续动作。进攻性球员都要在球场上有自己擅长破门得分的区域，这样的球员在球队中也显得无比宝贵。刚开始练习的时候，就从把球带到对方球员伸脚无法触到的范围后起脚射门开始。

如图1所示，用右脚脚弓控球。此时观察对方的视线与脚步动作，找到对方球员的破绽，佯装向底线突破。

如图2所示，左脚作为支撑脚站住位置。

如图3和图4所示，膝盖稍稍弯曲，在变向的时候，尽量不要让足球离身体太远。身体的重心放低，用外脚背向右拨球。

如图5、图6和图7所示，用右脚外脚背变向的同时，把球带到对方球员伸脚无法触到的范围。即使离球门稍微远一点也没关系。

如图8、图9和图10所示，此时视线不要离开足球，在对方球员上前封堵之前，就要完成整个的射门动作。在闪开射门线路的一瞬间，要坚决果断地起脚。

如图11和图12所示，对方一定会出脚封堵，可以打对方的两腿之间的空当，也可以用正脚背踢出弧线球，打球门远角。训练时要多尝试一些射门的方式。

一对一摆脱后射门【假动作】

拥有了自己擅长破门得分的区域，也熟练地掌握了自己的招牌动作之后，就可以尝试在对方严密的防守逼抢下，如何能够通过假动作晃过对手，闪开射门角度并破门得分。在比赛中，永远不会出现与训练一模一样的场景，但是如果能够出现与训练中类似的情况，由于在训练中有针对性地练过，因此处理起来会游刃有余。为了积累更多的经验，建议球员们可以多参加一些实战比赛。

如图 1 所示，用左脚外脚背控球，向中路带球推进。
如图 2 所示，在加速带球推进的同时，进入到自己擅长破门得分的区域。

如图 3 所示，佯装起左脚射门，左腿摆动做出假动作。
如图 4 所示，趁对方犹豫的一瞬间，再次迅速地用外脚背拨球。

如图5、图6和图7所示，如果起脚射门的假动作成功地骗过了对手，此时对手会距离足球稍远，而现在就是摆开架势准备起脚射门的时机。

如图8、图9和图10所示，整个身体上前一步，距离足球更近一些，同时用身体阻拦住对方的上抢，支撑脚站稳。

如图11和图12所示，支撑脚站稳后，身体要放松，配合射门动作迅速摆动。假动作不仅是为了过掉对手，也是为了能够闪开射门角度。

致教练与安全保护人员

要变成能够决定比赛胜负的球员

写给那些想要成为 C 罗、梅西的小球员们

当我们问很多孩子们："你们最喜欢的球员是谁"，大多数的孩子会回答，"喜欢 C 罗"，或"喜欢梅西"。但是这些孩子们一站到足球比赛场上，拿到球后都会首选把球传给队友，而不是凭借自己的能力尝试改变比赛进程。可是孩子们明明说喜欢 C 罗、梅西的嘛，为什么不用他们的踢球方式去比赛呢……

我们不妨来探求一下，为什么这些孩子们会喜欢 C 罗或梅西。

为什么 C 罗和梅西会这么受欢迎

· 拥有魅力四射的个人技术、魔幻般的脚法，让人一看就知道是他。

· 是创造力丰富的球员。

· 善于拿球控球，尤其是善于过人摆脱。

· 都有让人印象深刻的经典之作。

· 最重要的是，有一锤定音的能力。

· 场上队友把球传给这样的球员时，总会期待他做出点惊天动地的大事。

· 即使被对方球员严防死守，也可以凭借个人能力打开局面。

· 在比赛进行到极为关键的时刻，也可以在场上单打独斗。

· 速度极快，且在场上沉着冷静，充满自信，艺高人胆大。

从上面总结的内容来看，像 C 罗、梅西这样的球员之所以受到这么多孩子们的喜欢，更深层次的原因是，这种世界级球星在比赛中，经常能够通过一己之力改变比赛的结果。

这就是在一场比赛中，要在恰当的时机和恰当的环境条件下，鼓励球员发挥个人能力去尝试改变比赛结果。而且，球员在比赛中发挥个人能力，是应该被赞许的事情，这样才能树立球员在球队中的威信。

那么，想要成为那种可以决定比赛胜负的球员，都需要做些什么事情呢？首先要做到以下 3 项。

（1）个人技术娴熟。

（2）有很强的理解力（阅读比赛的能力）。

（3）有性格（求胜心强）。

基于上述的结论，我们在指导球员训练的时候，首先要告诉球员们的是，"先学会控制好脚下的足球，再去学着如何在与对手的对抗中占尽优势"。

首先，一切的事情都要从掌握娴熟的个人技术开始。为了应付球场中所出现的各种突发情况，球员们在球场上要表现得极为自信，且要学会按照自己的方式进行比赛。因此，首要任务就是掌握并不断磨练个人技术。相对于其他的体育项目，足球比赛中，持球的球员会有更大的空间以及更多的选择。

但是大多数选手往往用最简单粗暴的办法来解决问题，就是不去做任何考虑，直接把球传给队友。这样在面对艰难的场面，或感受到了巨大的压力时，往往总会患得患失，甚至首先想到的就是丢球或失败。为了能够应付好场上严峻的考验，球员们要有自己的性格，且娴熟的技术也可以使球员拥有强大的心理。只有战胜了内心中对失败的恐惧，才能够在与对手的对抗中占尽优势。我相信这也是成为有魅力球员的重要成长阶段。

快乐足球

接下来，我们要对"成为可以改变比赛结果"的球员所必须具备的3个素质，进行展开说明。首先，从"快乐足球"开始。球员只有在比赛中能够获得快乐，才会继续坚持下去，甚至把足球作为生活、生命中的一个重要组成部分。那么，究竟什么是"快乐足球"呢。

什么是"快乐足球"？

1. 渴望在比赛中找到快乐

快乐足球，就是能够踢球（无论是一个人，还是和意气相投的队友或对手）的愿望，可以参与到比赛中的个人满足。通常这样的球员，不会介意别人对他水平的评价，也不会妄加评判他人。

2. 融入团队的愿望

在慢慢地掌握了一定的个人技术之后，自然而然会有的需求。具体来说，就是融入一个球队中，和球队一起并肩作战，如果球队获胜，会感觉到"胜利"所带来的荣耀。

3. 能力展示

这是满足个人价值观的快乐。这种快乐与比赛的胜负无关，是完全根据自己的场上表现、比赛内容等，能否让自己满意所带来的快乐。有时候，球员也会渴望在比赛中得到肯定。

小球员们通过上述的成长过程，慢慢会懂得"快乐足球"的真正含义。那么，让球员们能够在足球比赛中体会到快乐，需要有什么样的支持呢？总结起来，分别是比赛欲望（士气）、自信以及教练。

1. 如何让球员能够拥有强烈的比赛欲望或比赛士气

（1）比赛中，经常让球员按照自己擅长的方式踢球。

（2）对于球员们技术上的短板，要指导他们如何改进。

如果球员们在技术上存在短板，在比赛中则很难发挥出正常的水平。如果持续没有改善，球员慢慢就会形成心理负担，此时心理问题就会凸显出来。在平时的训练中是否会取得好的效果，跟球员本人心中的"士气"是有直接关系的。因此，球员心理状态的变化是必须要观察到位的。由于球员的心理状态如此重要，如果球员们有足够高涨的士气，那自然会有非常强烈的比赛欲望。

对于球员们的心理状态，如果踢得好，自然情绪会比较积极，因此最重要的事情，就是创造机会，让球员们体会到成就感。尽量每人给一个足球，让大家在训练中都能体会到成功的感觉，这样自然容易提升士气。年轻球员，尤其是小球员们，绝对不会在训练中偷懒，都会争先恐后地成为那个踢得最好的人。对于这些小球员，在训练中能不能满足他们的内心深处对成功的渴求，才是训练安排最应该考虑的事情。

2. 什么是自信

从足球的一个侧面看，其实足球是一项失误率非常高的体育运动项目。在足球中，失败乃是家常便饭。在这类性质的竞技比赛中，只有自信心足够强大的球员，才能够在球场上发挥出自己的水平。尤其是在势均力敌、气氛令人窒息的比赛中，如果在对方禁区里，面对可以决定比赛结果的射门机会，结果却打偏了，接下来同样的机会摆在面前，这时候会如何处理？是坚持自己射门，还是考虑把球停下来，传给队友？还有，如果面前只剩下一名对方的后卫，只要过掉他就有直接面对门将的单刀球机会，如果浪费了这样的机会，下次面对同样的机会，是否还会继续选择突破过掉对方那名后卫？

这些都会受到球员在场上的"自信"程度的影响。如果惧怕失败，那永远不会成功。但是，球员们掌握了良好的个人技术后，被调动起了比赛的欲望，此时在球场上就会更加从容自信，也会更加大胆。想要培养出自信心十足的球员，在让其熟练掌握攻击技术的训练中，要让球员积累更多的成功体验。所谓的"自信"，其实是"相信自己的个人能力"的意思。

3. 为什么不可以没有教练员（助理教练）

在让球员能够体会到足球给他们带来快乐的过程中，教练是一个极为重要的因素。这里说的"教练"，不是仅仅指带队比赛的"主教练"，而是教球员们踢球的基层教练，甚至启蒙老师。球员跟着什么样的教练学踢球，可以说对这个球员的整个职业生涯都会产生重大的影响。

那么，什么样的教练能够给球员们带来最大的快乐？对于被称为"启蒙老师"的教练员而言，需要具备什么样的素质呢？

（1）懂得具体的执教方法，以及储备丰富的理论知识（如何训练才能取得效果的知识）。

（2）不辞辛苦地教会球员（有耐心）。

（3）即使是天资普通的球员，也可以让其熟练地掌握个人技术（具备足球思维、分析问题的能力）。

（4）让身体素质一般、或交叉的球员，在球场上找到自己的位置（对于球员成长过程中所遇到的问题会有了解）。

（5）让球员们能够更加投入地训练比赛，给球员以鼓励（提高比赛士气的能力）。

（6）帮助球员们关注眼前的事情（让球员忘记过去，也不去过多地想以后的事情）。

（7）营造一个放松且不失紧张的氛围（如果球员在这种氛围下训练，训练的效率会很高。过于放松会导致球员注意力不集中，而过度紧张会让球员们产生心理负担）。

（8）根据起源的个人水平，合理安排训练的难度。

（9）把球员们的闪光点植入每个球员的脑海中（反复提起，逐步加深印象）。

（10）不勉强自己，也不勉强球员做超出能力范围的事情，同时鼓励球员有自己的主见（如果觉得训练内容不适合，果断地更换掉）。

（11）是现役或退役球员（对足球仍然有热情，可以充分理解球员的感受）。

那么，具备了这些素质的教练员中，什么样的教练才能称得上是"优秀的教练"呢？而首先要说的事情，跟足球的技战术没有太大的关系。我觉得首要的条件是有良好的"意识"。其次，要有将自己所掌握的本领，毫无保留地传授给球员的能力。比如在比赛中，球员的脚下球被对方断掉之后，身为教练员，一定是有着切身体会，才能够理解球员此时的感受。而对于痴迷于控球的球员，教练员一定会知道，只有带球盘过对方门将，把足球送到对方球门的那一刻，才是这个球员最快乐的经历。

如果在一场比赛中，场上的局势对本队非常不利，这时候就需要球员自己站出来，用个人能力去打开局面，解决问题，引领球队走向胜利。只有拥有相同经历的教练，在这种关键时刻，才能跟球员们说点什么，去点醒球员。

如果自己指导的球员中，有人希望可以通过掌握娴熟的个人技术，在比赛中展示出自己的风格，这时教练会根据自己的技术水平以及切身的经历，给予球员有针对性的指导，而这绝非易事。每一位教练，都希望把自己的毕生所学传授给球员。如果教练是通过自己的刻苦训练，掌握了精湛的球技，那么球员也能够理解只有兢兢业业地训练，才能踢出成绩的道理。往往在球员时代有着辉煌经历的人，却不一定能成为一个好教练。因为这些人在球员时期，有着过人的天赋，他们对于那些天赋普通，不得不付出比别人更多汗水的球员，往往无法做到感同身受。只有那些通过自己的努力才达到一定高度的球员，转型做了教练之后，才会更有耐心地教导球员，并知道如何去鼓舞球员们的士气，这才是优秀教练最宝贵的素质。即使不是天赋异禀的球员，也同样可以在足球中体会到快乐，如果要让球员能够理解这些，最直接的办法莫过于教练也是从这样的球员一路走来。

如果球员们掌握了娴熟的个人技术，就会迫不及待地在比赛中用起来，自然也就会有强烈的比赛欲望。但是教练员不可以忘记的事情是，不仅要教会球员们如何融入球队，还要让小球员们有充分的自由训练任务，也要让小球员能够养成独自训练的好习惯。足球这项运动，单独训练的重要性尤为重要，可以说是快速成长为优秀球员的一条捷径。

教练员为了让自己培养的球员能够掌握更多的进攻技巧，拥有更强的进攻能力，也经常会跟球员们一起比赛，在场上通过实战演示，让球员们了解其中的道理。如果教练员可以做到亲自示范，效果要比更多的理论知识好得多。相信球员们会更喜欢跟着这样的教练练球踢球，也能从中体会到更多足球所带来的快乐。

思考一下足球运动的本质

无论球员的水平有多高，足球不是一个人的运动。一支球队在场上由11名球员组成，而在场地的另一侧同样是11名对手，这才构成了一场比赛，正式的比赛还需要有若干名裁判员，这些都是构成足球比赛的客观要素。足球比赛，是一支球队与另一支球队进行较量的"团队运动"。

要理解足球的本质，就得先懂得"团队比赛"与"个人展示"。在我所制订的训练计划中，通常是与正式比赛紧密结合，通过平时的训练可以演练多种正式比赛中实用的战术。如果球员技术能力有限，那么即使代表球队出战，也无法在"团队比赛"中起到太大的作用。每个球员能够为球队作出贡献的前提，就是掌握熟练的个人技术。但是，现在不少球队的思路正好反了，有很多教练在强调，为了能够更好地"团队作战"，在比赛中的"个人展示"要受到限制。这样对于有些天分不错的小球员们来说，如果在比赛中由于展示自己而导致出现了失误，则会被教练员批评。由此带来的结果是：①能够破门得分攻城拔寨的球员越来越少；②有想法和创造力的球员也越来越少了。而足球这项运动的魅力，不就在于想象力和即兴发挥么？

很多时候，球队在训练中，往往强调的是整体的战术素养，而不会过多地考虑球员个人的技术提高。虽然所有人都知道，提高个人技术对于提高整体战术素养来说，也是至关重要的，但仍然改变不了在训练比赛中追求整体打法，而忽略发展球员个人能力的现状。即使在没有任何逼抢的情况下，仍然无法处理好球的球员，在球队中只能去做一些又脏又累的体力活，折返跑，而这些对球队而言，并没有实际意义上的帮助。

而一旦比赛的对抗强度大了起来，这样的球员只能选择把球传给队友，或向前开大脚解围。

在球场上，任何人都无法做到将大家的努力都转化为最好的结果。但是每个球员都会努力，很多球员努力踢球，只是为了做一个中规中矩的球员，拿到球之后，选择稳妥地把球传给队友，在场上不惜体力地奔跑成为了唯一可以称道的亮点。对于球员来说，努力不是坏事，而且是必不可少的，但是只是拼命做折返跑努力，并不足以让球员在场上发挥闪光的个性。

尤其是对于攻击型球员来说，能够决定球队破门得分并获得胜利的，通常是个人的灵光一现，或与几位攻击球员配合的结果。一支球队要构建什么样的战术体系，采取什么样的打法，往往是由球员的个人能力所决定的。所以，我认为其实所谓的足球的本质，就是踢球球员的真实水平。那么，在足球比赛中，"球队的战斗力"，无疑也是把球

场上所有球员的个人能力整合在一起的结果。

足球与橄榄球

如今的青少年足球培训体系中，在球员正式进入青年阶段比赛之前，足球踢得更像橄榄球。而此后，慢慢正规起来，按照国际足联的比赛规则，双方球队进行 90 分钟的比赛。

之所以出现这种情况，我认为是 12 岁以下组别的比赛中，还是更看重比赛的"胜负"。经常能带领球队获胜的教练会更受欢迎，而崇尚个人技术与球员个性的教练只能排在后面。而足球就是将个人的想法展示在球场上的运动，如果在球员的青少年时代就加以限制，这对球员的成长与发展是非常不利的。所以，现在也会出现一些球队的教练（指导），相较于强调球队的胜利，而更加重视快速传球的打法。身体的敏捷性即便是随着年龄的增长，也会有所提高，而教练们更应该给球员灌输的是，无论场上发生了何种情况，都要沉着冷静地应对比赛。这也是所有球员在成长并成为职业球员的过程中，全世界都通用的法则。

现在有更多的人更愿意去追求"结果"，甚至是过度地唯结果论。其实足球比赛中，有更多比"结果"更加重要的事情。而且，其实结果并没有那么重要。

拥有出色的个人能力

球员们能够从足球中获得最大快乐的时候，莫过于凭借自己出色的个人能力，过掉对手后把球送进对方网窝。而场边看球的人，也最希望看到场上球员能够发挥出自己的创造力，用精妙的技战术配合，去带领球队获得比赛的胜利。其实，对于特别痴迷于控球的球员而言，把球带到对方禁区，切到禁区内并创造出机会，本身就给自己带来了快乐。所以说，让球员在比赛中体会到乐趣，首先要提高球员个人的技术水平。

尤其是对于青少年球员来说，让他们掌握出色的个人技术就显得更加重要，因为在他们的这个阶段，自己的选择可能决定一生。这样孩子们会更加热爱足球，想要从足球上追求更大的快乐。而且，小球员们绝对不会满足于仅仅成为球场上的焦点，他们会渴望更大的舞台，甚至会用自己一生的时间去享受足球所带来的快乐。

既然掌握娴熟的个人技术如此重要，对于所有的球员来说，他们最希望看到的结果莫过于通过训练，个人的技战术水平能得到提高。比如在比赛中，自己拿球时，即使对方球员上前紧逼，球员可以从容应对，而不会担心球被对手抢走，或把球草草地传给队友。每个球员都希望自己能够拥有去改变场上局面的能力。

有一个体育训练的常识，即在一名运动员熟练掌握一个技术动作之前，只能通过日复一日的反复练习。足球的技术动作可以说非常之多，范围也特别大，这虽然是实际的情况，但是值得乐观的一点是，掌握足球的技术动作，看上去并不是那么太难。通常，学习技术动作就是一个"模仿"的过程。对于那些对足球特别感兴趣的球员，就让他们顺其自然地练习吧。因为无论是否在教练面前，这些小球员们都会自己去尝试做很多事情，慢慢地自己就掌握了很多的技术动作。

但是，球员们在训练的过程中，要有人能够提供好的示范。如果教练员的技术也是顶尖水平，在球员面前做示范，球员模仿的时候，动作也会更加规范。看到了非常标准的示范，球员们会叹服，会希望自己也能掌握，自然会更加努力地投入训练。所以，对于小球员们来说，如果能够有高水平的教练（也可以不限于教练）在身边指导，将会是非常幸运的一件事情。

（1）首先教练员（提供示范的人）进行简单的要领说明。

（2）然后，教练员自己亲自做示范。

（3）让小球员们自行练习。

（4）发现小球员有不恰当的动作，及时纠正。

按照上面（1）—（4）的步骤练习，在球员们熟练掌握了之后，就可以在实战中大胆地尝试。在比赛中，球员们要时刻牢记，拿到球之后不需要立刻把球传出去，自己费了好大劲学到的本领，要在实战中检验。所有新学会本领的小球员，都会在比赛中，迫不及待地展示出来。教练员在场边观察，如果球员成功地将学到的本领在比赛中运用自如，不要忘记大声向球员喊出鼓励或赞许的话语。这样球员们自然会体会到足球给他们带来的快乐，也会渐渐地爱上足球。当然，示范动作最好是由教练员亲自示范，而且最好要在小球员的面前示范，因为，榜样的力量是无穷的。

对于小球员来说，在场上最想做的事情除了控球以外，就是破门得分了。随着小球员们参加的比赛越来越多，要让球员们做到在场上不需要刻意地去想如何做好技术动作，而是慢慢将技术动作形成自然习惯，这样才能运用自如。在比赛中要学着去阅读比赛，理解场上的形式，慢慢懂得自己的技术动作如何才能在比赛中发挥出作用。例如，传球的时机、接球时的技术动作、控球时要观察身边的情况等，只有球员们在掌握了如何自然而然地运用自己的技术动作之后，才会创造出更多的机会，进球也就是水到渠成的事情了。

如果想成为球星，那么个人能力是必不可少的。球星会懂得自己应该在什么样的时间点、什么样的局面下，去发挥自己的个人能力。所以通常球星在球场上，对于比赛局面的判断以及站位都会非常出色。通常在禁区外，可能球员会有更大的发挥空间，而一旦到了禁区，对方的防守压力一定会增加，这时候就需要有更好的个人能力。一旦深陷对方禁区，被对手严密盯防，就很难找得到起脚打门的时机或射门的线路，此时就需要场上球员不仅有超强的个人能力，还要有非常好的动作频率和判断力。同时，球员在场上不仅要靠个人能力解决问题，如果此时是无球跑动，也要密切关注持球的队友。当队友把球传到自己脚下时，自己该如何跑位、在什么时间点启动，以及判断队友是会把球传到脚下，还是身前的空当，自己该如何选位才能更舒服、更有威胁地拿球。无论球员的个人能力多么出色，一支球队如果想要打出流畅的进攻，还是要靠传球配合。配合流畅的球队，才能发挥出每个球员最大的能力，往往球队对传球的准确性、力度等都会有较高的要求。

通过快速的传控，球队进攻会非常有节奏感，也会创造出更多让球员在对方禁区前一对一的机会。这种球队也会让球迷们大饱眼福，直呼过瘾。在这样的球队中踢球，也会有更多的机会成为那个决定比赛胜负的球员。

"个人能力 = 技术水平"，意思是每个人都会有足够的能力和自由度在场上即兴发挥。教练要有善于发现优秀球员的眼光，而对于球员来说，则需要在掌握娴熟的个人技术后，可以通过超强的个人能力，在比赛中找到合适的时机，去改变比赛的进程和结果。对于球星而言，"个人能力"固然重要，但是也必须有"一切为了球队"的牺牲精神，这样才能让个人和球队更加平衡。

最后，我坚信，足球是一项能够让球员们感到快乐，也能让球员们甘愿奉献一生的运动。

FODS 足球学校（FODS SOCCER SCHOOL）

可以与原生态足球邂逅的地方

这是一个由"日本最具人气的青少年足球教练"所亲自指导创建的足球学校，在这里，教练们不会用成年人的思维方式去训练青少年球员，而是会更多地考虑"小球员们到底喜欢做什么"。足球本就不是一项束缚球员发展的运动。在这里，我们尊重每一位小球员"想成为最优秀的球星"的想法，也会努力地帮助小球员们实现自己的梦想。

FODS 足球学校教练组的成员

中野 嘉彦　　星 贵雄　　JIM　　关和良

FODS 足球学校的教练员们，秉承了保坂的训练方式。每个教练员同时都还是现役球员，且拥有出色的足球与室内足球的成绩。

FODS 足球学校的小球员们

从左到右：大庭 透矢、大塚 莲太、保坂 波音、角田 凉太郎

在这里，这些小球员们展示了让人意想不到的技术水平。在不久的将来，我们也会在电视节目中一睹他们的风采。

SCHOOL PROFILE（学校简介）

FODS 足球学校（琦玉水上公园）
招生范围：学龄前适龄儿童—小学 6 年级学生
授课开始日期：学龄前适龄儿童（每周一）16：00—17：00
　　　　　　　小学 1 年级—小学 6 年级（每周一到周五）16：30—17：50
　　　　　　　小学 3 年级—小学 6 年级（每周一、周二）16：30—17：50
授课地点：琦玉县上尾市琦玉水上公园
　　　　　（武道馆南芝生空间设计足球场）

FODS 足球学校　FUTABA 体育大宫校
招生范围：学龄前适龄儿童—小学 6 年级学生
授课开始日期：幼儿园大班—小学 1 年级（每周五）15：15—16：15
　　　　　　　小学 1 年级—小学 3 年级（每周二、周五）16：20—17：30
　　　　　　　小学 3 年级—小学 6 年级（每周二、周五）17：40—19：00
授课地点：琦玉县上尾市琦玉大宫区大门町 2-73
　　　　　大宫中央公寓　FUTABA 体育大楼天台

咨询（两所学校）：048-833-4722
网址：http://fods.jp

ラダースポーツ 株式会社（LADDER SPORTS）

学校设有 4 块纯室外人工草皮的 5 人制足球场，以及设施完善的训练场，可以满足从幼儿园到青少年阶段的训练要求。在足球运动非常受欢迎的埼玉县，这样的训练场受到了从青少年到足球爱好者的一致好评。

公司简介

ラダースポーツ
埼玉县埼玉市中央区下落合 4-12　电话：048-859-9555
网址：http://www.laddersport.jp/
营业时间：工作日：10:00—22:00/ 周末节假日：9:00—23:00

フットサルポイント 浦和たじま 株式会社　FUTSAL POINT URAWA TAJIMA

在室内外有两块人工草皮，新建成的俱乐部会馆将作为球员们的休息区，供会员使用。目前仍效力于 J 联赛的小林悟氏，担任从幼儿园到小学生阶段的教练。

公司简介

フットサルポイント 浦和たじま
埼玉县埼玉市南区松本 1-21-2　　电话 / 传真：048-762-6236
网址：http://futsualpoint/net/shisetsu/salu/urawatajima/
营业时间：工作日：14:00—23:00/ 周末节假日：9:00—23:00

最后想要和大家说

"FODS"的足球理念

在一座叫"琦玉"的城市中，有两只J联赛的职业球队，这里的孩子们的梦想，就是能够代表琦玉的两支球队踢球。在这里，有一条足球街，足球成为了这条街上人们生活的重要组成部分。"FODS"足球学校就在琦玉市的这条足球街的旁边，是在一个叫作"上尾"的足球场地上创建的。可以说，"FODS"足球学校的理念，完全是来自于球员与教练们的切身感受与大胆的尝试。现在的孩子们，踢球都是为了能够实现自己的"梦想"，而"FODS"足球学校尝试了迄今为止没有人敢尝试的方式，来助小球员们实现梦想的一臂之力。

也就是说，我们要告诉球员的是，不要只为了梦想去踢球。踢球的目的很简单，就是获得快乐。做有意思的事情，就会给人带来快乐。我们会引导球员不要想太多所谓的成功的感觉，而是去踢更多有意思的、有创意的、超出球员想象的足球。这是一种难以用语言表达的"与众不同"。在这里，教练会善于发现每个球员的个性，并鼓励球员们把属于自己的个性继续保持下去。这就是我们所期待的"FODS"足球理念。

曾经，踢球就是为了不断地提高水平。我们做足球学校，在返璞归真的同时，也要让球员们找到踢球的快乐与自信。我们向小球员们传达的是：尊重队友，尊重规律，听教练的话。来到这里，球员们会发现，这些是首先要学会的事情。我们选择的是用培养职业球员的理念去培养小球员，为球员量身打造训练课程，选择让球员们自由地发展。

"FODS"足球学校的六大规则

（1）规则不是用来遵守的，而是用来创造的。

（2）相对于常识，我们更愿意听取小球员们的想法
（听取小球员们的想法，并帮助小球员们实现）。

（3）遇到任何问题，不会只停留在思考上，尝试着动手解决。

（4）不逃避失败，勇于面对挑战。

（5）通过与队友之间的比拼较量，达到共同提高的效果。

（6）找到优秀的竞争对手。

我们不会给球员们安排教材，去完成年度教学计划，而是会根据球员们的进步，让球员们在理解了之后再往下进行。教练们最大的任务，就是帮助球员们喜欢上踢球，爱上踢球。

让球员们爱上踢球，就必须要掌握娴熟的个人技术。这个事情想必所有人都已经清楚了。想要做到，前提是先有"意愿"，有"意愿"也是一项难能可贵的"天赋"。

我们不想给小球员们制订严密的训练计划，或通过训练计划，让小球员们的技术动作过早地定型。我们会让小球员们按照自己的思考去踢球，并爱上这种方式。让小球员们牢记，可以按照自己想要的方式，随心所欲地处理足球。即使在球队的训练比赛中，这也是允许的。在比赛中可以享受控球，体验过掉对手所带来的快乐，并体会到进球所带来的荣耀，这就是我们想要达到的目的。通常相对于球队之间的正式比赛，我们更喜欢用 3 对 3、4 对 4、5 对 5 的方式让球员参与对抗，人数少自然会延长比赛的有效时间，每个小球员能得到更多的触球机会。

8 岁以上的小球员，请自觉每天安排一点时间，练习控球的基本动作与假动作的运用。如果球员们能够从心里觉得踢球是快乐的，踢球不是一个非常辛苦的事，即使一开始的时候，有一些技术动作总是做不好，相信球员也能通过刻苦的训练战胜眼前的困难。教练们会一直陪伴在球员们的身边，会鼓励球员们坚持不放弃。从不擅长到擅长的过程，也是球员们自信心的巨大提升。

我们鼓励所有的小球员，去参加那些追求结果的比赛。但是在比赛中，球员们要思考，"自己到底喜欢踢什么样的足球"，我们不赞成把球员的成长方向过早加以限制，希望他们通过不断的试错，去打破现有的常识，找到自己踢球的感觉，并让自己回答出这个问题。

这本书中所讲述的内容，所演示的技术动作，都是一些让大家更喜欢、更享受踢球乐趣的想法，想必会对大家都有所帮助。但是在追求快乐足球的路上，方式有千千万万，不止局限于此。看到这里，小球员们可以把书合起来，然后跟随着自己的想法去踢球，以后，要让自己的想象力在球场上得到淋漓尽致的体现。

那么，我们球场上见。

2009 年 12 月　保坂信之

图书在版编目（CIP）数据

奔跑吧，足球小将：青少年足球训练完全图解 / （日）保坂信之主编 ；毛伟，曲岩松译. -- 北京 ：人民 邮电出版社，2017.3
ISBN 978-7-115-44832-3

Ⅰ. ①奔… Ⅱ. ①保… ②毛… ③曲… Ⅲ. ①足球运 动－运动训练－图解 Ⅳ. ①G843.2-64

中国版本图书馆CIP数据核字(2017)第022493号

版权声明

免责声明

内 容 提 要

我们到底该如何教孩子们踢足球？这是困扰许多足球教练、体育老师以及想培养孩子踢球的家长们的问题。本书作者是一名专业球员，也是一位足球学校的校长兼主教练，他指导过日本各地的青少年足球运动员，拥有极其丰富的执教经验。本书包括教授青少年如何掌握个人控球技术、赢得对抗等内容，适合青少年足球教练、体育老师及家长参考使用。

◆ 主　　编　[日]保坂信之
　　译　　　　毛　伟　曲岩松
　　责任编辑　寇佳音
　　责任印制　周昇亮

◆ 人民邮电出版社出版发行　　北京市丰台区成寿寺路 11 号
　　邮编　100164　电子邮件　315@ptpress.com.cn
　　网址　http://www.ptpress.com.cn
　　北京天宇星印刷厂印刷

◆ 开本：700×1000　1/16
　　印张：11.25　　　　　　　　2017 年 3 月第 1 版
　　字数：190 千字　　　　　　2025 年 11 月北京第 36 次印刷
　　　　　著作权合同登记号　图字：01-2016-5848 号

定价：49.80 元

读者服务热线：(010)81055296　印装质量热线：(010)81055316
反盗版热线：(010)81055315